修辞的思考を陶冶する教材開発

大内善一

溪水社

まえがき

この本は国語科の読解教材の改革を目指して書かれました。

これまでの国語科教科書の読解教材には見過ごすことのできない問題点があります。

これまでの読解教材には、〈読本的な性格〉がまとわりついているということです。

戦後の国語科の読解教材には、戦前の「読本教科書」の性格がそのままに入り込んでしまっているのです。

国語科の読解教材は「読書教材」とは異なるものであるべきです。

それが、「読書教材」と何ら変わらないような性格を帯びているのは、戦前に用いられていた「読本教科書」の性格に由来しているということです。

これまでの読解教材には文学作品や科学的文章がほとんど丸投げの形で取り上げられています。教材末に添えられている「手引き」も極めて不十分なものです。

国語科の読解教材を他教科の教材と比べてみて下さい。

算数科や社会科・理科などの教材と比べてみるとその違いはひと目で理解されます。算数科や社会科・理科の教材はすべて書き下ろしです。

国語科の読解教材だけが作家や科学者・評論家の書いた作品や文章に丸ごと依存しています。

これでは、教科書の教材としては極めて異例であり、無責任であるとさえいえます。

たとえば、算数科の教科書教材と国語科の読解教材とを比べてみて下さい。

算数科の「分数の計算」の教材であれば、その中に計算方法の手順がひと通り解説されています。教師も子どもたちもこの解説を読めば、曲がりなりにも「分数」の計算ができるようになるはずです。社会科や理科の教材でも同じことがいえます。

国語科の読解教材では、たとえば、「ごんぎつね」の教材にはその読み解き方が分かり易く解説されているわけではありません。

全教科担当の小学校の先生方には、「ごんぎつね」という作品を丸ごと与えられても、この作品の読み解き方を教えることには大きな困難が感じられるはずです。

現在使用されている〈読本的な性格〉の読解教材では、小・中学校の先生方にとって日々の国語科の指導に大変な困難があるといえます。

その主な理由は二つあります。

その一つは、小・中学校の教員が国文学の作品論や、国文法に基づく文法論をざっと辿った程度の〈国語科教養〉しか身につけていないからです。文章表現の理論としての「修辞学」的な知見や「表現学」的な知見を身につける機会がなかったからです。

教員養成大学では、国語科教育を支える〈国語科教養〉が十分には教えられていません。

「教員免許法上の科目」としては、「国語科」関係では「国語学」と「国文学」だけで、右のような文章表現の基礎理論としての「修辞学」や「表現学」を学修するシステムが整えられていないのです。

二つ目は、このような教員養成上のシステムの中で教員となってきた人たちに対して、国語科の読解教材では、作家や科学者・評論家の書いた文章がほとんど丸投げの形で取り上げられているからです。

そこで、これまでの国語科の読解教材に代わる〈読解スキル〉の教材を作っていかなければなりません。

この本は、その〈読解スキル〉を指導するための教材としてまとめられたものです。

この本では、修辞的な思考（レトリカルな思考）の陶冶を目指した教材の開発を行いました。

修辞的な思考とは、ことばを論理的（正確に推論・論証すること）に駆使するだけでなく、効果的に（説得的にと言い替えてもよい）駆使することです。

修辞的思考を支える根底には、「修辞学」という学問体系があります。この修辞学は、「発想 invention」「配置 disposition」「修辞 elocution」という三部門から成り立っています。

この本では、右の三部門を、始めに微視的な「修辞」部門、次に「配置」部門、最後に「発想」部門と取り上げています。各部門の内容に関しては、この本での記述内容に譲ることにします。

なお、修辞的思考は論理的思考とは決して対立するものではありません。むしろ、論理的思考は修辞的思考の中に含み込まれています。論理的思考もまた、右の修辞学の「配置」部門において陶冶されていくものとみなすことができます。

この本に収められている開発教材は、そのまま「言語技術」教材とみなしていただいても差し支えありません。そして、この「言語技術」教材は、そのまま国語科の「読むこと」の領域で指導すべき「教科内容」とみなすべきものです。

この「教科内容」は、私が日本言語技術教育学会で提案してきた「言語技術の三層」のうち、第一層「言語行為者（＝文章の書き手、話しことばの話し手）がその言語行為の中で用いている言語技術」に相当します。

なお、「言語技術の三層」については、日本言語技術教育学会のホームページ及び本学会紀要『言語技術教育』第26号に掲載された私の「基調提案」、同27号に掲載された私の「言語技術教育は修辞的思考の陶冶を視野に入れるべきである」を参照して頂ければ幸いです。

この本は、今から二八年前に出版された私の著書『国語科教材分析の観点と方法』（一九九〇年二月、明治図書、絶版）を土台とし、国語科の読解教材として書き改めたものです。

ささやかながら、この本が国語科の読解教材として国語科教科書の改革の一助となれれば幸いです。広く読者の皆様からの御批判・御教示を頂戴できれば幸いです。

大内善一

二〇一八年三月

目　次

修辞的思考を陶冶する教材開発

I 文章の表現方法を理解させる教材

一 語り（小学四年）

今日は、文学的な文章の中の語り手や、説明的な文章の書き手の述べ方にあらわれている語りの表現についてみていきましょう。

少し分かりにくいかもしれませんので、具体的な例でみてみましょう。

これは、わたしが小さいときに、村の茂平というおじいさんから聞いたお話です。

（「ごんぎつね」小四）

この文の中に出てくる「これは」は、これからする「お話」のことです。「わたし」が、語り手という人物です。

すなわち、語り手（＝「わたし」）が「小さいときに、村の茂平というおじいさんから聞いたお話」を語っていくという形で、この物語は始まっているのです。

次に、説明的な文章の具体的な例をみてみましょう。

　では、こうした土の中にすんでいる生物は、どんなはたらきをしているのでしょうか。

（「生きている土」小六）

　こうしたことを考えると、わたしたちは、もっともっと、生きている土を大事にしなければならないのです。

（同右）

右の二つの例文は、説明文の中の一文です。

文末の「〜いるのでしょうか。」「〜のです。」という言い回しに、明らかに書き手が読者に語りかけている姿勢が読み取れますね。

二つ目の文中の「わたしたち」とは、書き手と読者のどちらも含めたことばです。ですから、ここにも読者へ語りかける姿勢が読み取れます。

これらの二つの文には、書き手（＝語り手）の語る姿勢が強く感じられます。

ところが、一般的な語りの表現には、語り手の語る姿勢がそれほど強くは感じられないものが多いのです。

次のような事例はどうでしょうか。


兄さんのかにには、はっきりとその青いものの先が、コンパスのように黒くとがっているのも見ました。と思ううちに、魚の白い腹がぎらっと光って一ぺんひるがえり、上の方へ上ったようでしたが、それっきりもう青いものも魚の形も見えず、光の黄金のあみはゆらゆらゆれ、あわはつぶつぶ流れました。

（「やまなし」小六）


このような表現は、普通の物語や童話のいたるところに見られるものなのです。

右の部分を一つの出来事・様子を説明している表現とみなすこともできるでしょう。

また、「魚の白い腹がぎらっと光って一ぺんひるがえり」といった部分は、後でみていく描写の表現とみなすこともできます。

しかし、やはり読者に対して語りかける姿勢が感じられることばも少なからず見出すことができます。文末の「見ました。」「流れました。」という表現の他に、「兄さん」「と思ううちに」「〜ようでしたが」「それっきり」「もう」などのことばです。

右の部分には、説明や描写の表現も含まれていますが、このような表現も全体として語りの表現とみなすことができるのです。

右の例文からも分かるように、語りの表現の大きな特徴は、説明や描写の表現と違って、語り手の声が読者である私たちの耳に響いてくるような感じをもたらしているところなのです。

このような感じを与える語りの表現の特徴を一般的には語り口調と呼ぶこともあります。

語り手の声が私たちの耳に響いてくるような語り口調が強く感じられるような物語は、私たちも声に出して読んで、その語り口調を身体で受けとめていくようにすることが大切なのです。

【課題】「手ぶくろを買いに」というお話を〈語り手〉の気持ちや、登場人物の「母さんぎつね」「子ぎつね」の気持ちが表れるように声に出して読んでみましょう。

二 説明（小学四年）

説明の表現とは、語り手〈あるいは作中人物〉や書き手が登場人物・出来事・様子、あるいは事物について、読者にかいつまんで述べることです。

事例に即してみていきましょう。


まだ戦争のはげしかったころのことです。

そのころは、おまんじゅうだの、キャラメルだの、チョコレートだの、そんな物はどこへ行ってもありませんでした。おやつどころではありませんでした。食べる物といえば、お米の代わりに配給される、おいもやまめやかぼちゃしかありませんでした。

（「一つの花」小四）

この例文では、第一文の「戦争のはげしかったころ」という部分を受けて、語り手が「そのころ」の様子を読者にかいつまんで述べていることが分かります。

説明の表現を文単位で見分ける手がかりは、「そのころは」というように、説明する対象を提示する部分に「は」という助詞が出てきます。

このような「は」という助詞によって述べられている文を判断文といいます。説明の表現に当たる文を見分けるときの手がかりとして知っておくとよいでしょう。

――むかし、この近くの村に、おみつさんというむすめが住んでいました。おみつさんは、特別美しいむすめというわけではありませんでしたが、体がじょうぶで、気立てがやさしくて、いつもほがらかにくるくると働いていたので、村じゅうの人たちからすかれていました。

（「わらぐつの中の神様」小五）

この例文でも、第一文の「おみつさんというむすめ」を受けて、以下に語り手がこの「むすめ」の顔かたちや人柄をかいつまんで述べています。

「おみつさんは」の「は」が説明の表現であることを見分ける手がかりとなります。

この説明の表現では、文中の「～でしたが」「～で」「～ので」といったことばがこの文全体を説明的にしています。〈説明口調〉になっているということもできます。

このトウフツは、湖がせまくなって、曲がりくねった形をした所にあります。それで、毎年、秋になると、しけのために、海からおしながされてくるどろやすなでうずめられ、口がとじてしまいます。そのため、冬の間に、湖の水位が少しずつ高くなってしまいます。これが、毎年、春の大水の原因となっていました。大水になると、付近の家はすっかり水びたしになってしまいます。ですから、トウフツのある常呂村の人々が、みんなで力を合わせてトウフツを切り開き、湖の水が流れ出るようにしていました。

（「サロマ湖の変化」小五）

この例文は、典型的な説明文です。

「このトウフツは」ということばからも分かるように、この前に述べられていた「トウフツ」（湖の口）のある場所や様子について、筆者がかいつまんで説明しています。

文中の「この」「その」「これ」といった指示語や、「それで」「そのため」「そして」「ですから」といった接続語が用いられて、この文章を説明的にしています。

もう一つ、例文をみておきましょう。

ビーバーは、切りたおした木を、さらにみじかくかみ切り、ずるずると川の方に引きずっていきます。そして、木をしっかりとくわえたまま、上手におよいでいきます。

ビーバーは、ゆびとゆびの間にじょうぶな水かきがある後ろ足で、ぐいぐいと体をおしすすめます。おは、オールのような形をしていて、上手にかじをとります。（「ビーバーの大工事」小二）

この例文も典型的な説明文です。

「ビーバーは」「おは」の「は」という助詞から、これらの文が説明の表現となっていることが分かります。

これらの文がビーバーの仕事をする様子や尻尾の様子をかいつまんで説明しています。

ただ、ビーバーという動物は、とても特殊な生態や習性をもっています。これをかいつまんで説明するだけでは、小学二年生の子どもたちには、なかなか理解することが難しいでしょう。

そこで、この説明文の筆者は、ビーバーが仕事をする様子を分かりやすくするために、「ずるずると」とか「ぐいぐいと」といった状態を表すことばで補っています。

「オールのような形」という比喩《ひゆ》の表現を用いて、ビーバーの尻尾の特殊な形を理解しやすくしています。

これらのことばや表現には、描写的なはたらきがあるのですが、この描写の表現については、次の項目で詳しくみていくことにしましょう。

以上の事例によって、説明の表現の特徴を理解することができたかと思います。

いずれの場合にも共通していることは、説明している内容が一つの時代、一人の人物、一つの事物に限定されていて、しかもかいつまんで述べられていることです。

また、いわゆる説明口調という表現上の特徴を具体的にとらえることができることもあります。

説明の表現を行う人は、やはり先にみた語りの表現の場合と同様に、語り手や書き手である筆者ですから、その部分に語り手や筆者の存在が感じられることになります。

説明の表現は、いうまでもなく、表現しようとする対象を手短に簡潔に表せるところに大きな特徴があります。

その点では、次にみていく描写の表現とは正反対の表現方法ということができます。

【課題】「わらぐつの中の神様」というお話や「ビーバーの大工事」という説明文を〈説明〉の表現に注意しながら読んでみましょう。

三　描写（小学四年～六年）

描写の表現とは、人物の姿や行動や心の動き、事物や情景などをあたかも読者の目に見えるかのように、あるいは耳に聞こえるかのように、あるいは人物の心の中に入り込めるかのように客観的に述べる方法のことです。

描写の表現の種類は、次のように分類しておいてよいでしょう。

① 人物描写

② 事物描写

③ 自然・情景描写

なお、人物描写の中には、人物の姿や行動を描き出す方法と人物の心の動きを描き出す方法とがあります。

人物の心の動きを描き出す方法については、多くの場合、会話・内話において行われます。

この方法については、次の項目で詳しくみていきましょう。

描写の表現の大切さは、それが人間のものの見方や考え方を文章の上に具体的な形として表したところにあります。

したがって、大切なのは、表現しようとする対象そのものよりも、これらの対象をとらえ見つめている書き手や語り手の心や目そのものといってもよいでしょう

具体的な事例を取り上げてみていくことにしましょう。

道の両側に居ならぶ人々の間から、黒い木綿の羽織はかまに、たびはだしの老人が、かみをふり乱し、一通の大きなふう書を片手にささげ持って、

「――陛下に、お願いがございます。お願いがございます。」

とさけびながら走り出た。

（「田中正造」小六）

人物の姿・行動の描写の事例です。

「黒い木綿の羽織はかま」「たびはだしの老人」「一通の大きなふう書」「片手に」と、どのことばも視覚に訴えるものばかりです。

人物の叫び声まで会話の形で引用されているので、人物のその声が耳に聞こえるように感じられますし、「かみをふり乱し」「ささげ持って」「さけびながら走り出た」ということばは、人物の行動を生き生きと描き出しています。

次の事例は、事物描写です。

白い、軽そうな台に、ぱっと明るいオレンジ色の鼻お。上品なくすんだ赤い色のつま皮は、黒いふっさりとした毛皮のふち取りでかざられています。

（「わらぐつの中の神様」小五）

この例文は、「軽そうな」とか「上品な」といったことばに語り手の見方・感じ方が入り込んでいて、やや説明的な感じとなっています。

しかし、「白い」「ぱっと明るいオレンジ色の鼻お」「くすんだ赤い色のつま皮」「黒いふっさりとした毛皮のふち取り」といったことばが読者の視覚に訴えて、あたかも目に見えるような効果をもたらしています。

この「雪げた」の描写の表現は、若い娘なら誰でものどから手が出るほど欲しくなるようなものであることを読者にも納得させるためのものです。

物語の中では、「いつもは、余計な物など、ほしいと思ったことのないおみつさん」であるから、そんなおみつさんでも欲しくなってしまうような素敵な雪げたであることを、読者にも思わせてしまうような描き方なのです。

次は、自然・情景描写についてみてみましょう。

波から来る光のあみが、底の白い岩の上で、美しくゆらゆらのびたり縮んだりしました。あわや小さなごみからは、真っすぐなかげの棒が、ななめに水の中にならんで立ちました。

魚が、今度はそこらじゅうの黄金の光をまるっきりくちゃくちゃにして、おまけに自分は鉄色に変に底光りして、また上《かみ》の方へ上りました。

（「やまなし」小六）

この例文の場合も、「美しく」「まるっきり」「おまけに」「変に」といったことばは説明的な感じを与えています。

しかし、全体的には「光のあみ」「かげの棒」「魚」の様子が目に見えるように生き生きと描き出されています。「白い」「黄金の」「鉄色に」「底光り」といった色彩を表すことば、「ゆらゆらのびたり縮んだり」「真っすぐな」「ななめに」「くちゃくちゃに」といった様子を表すことばが目に見えるような効果をもたらしています。

この情景描写の表現は、美しい自然の姿と、その中での生き物たちの生存競争の姿とを対比的に描き出していて、この物語の前半の「五月」の不安な世界の感じを効果的に表しているといえます。「光のあみ」「かげの棒」の描写の部分と、「魚」の描写の部分とから受ける感じの違いを比較してみることもできるでしょう。

以上の描写の表現から共通する特徴を取り出してみましょう。

描写の表現の特徴を文単位で客観的にとらえる方法としては、主語が「が」の付いた形で始まっている文を手がかりにすることができます。

右の事例でいえば、「老人が……さけびながら走り出た。」、「あみが……のびたり縮んだりしていました。」、「かげの棒が……ならんで立ちました。」、「魚が……上りました。」などになります。

このような「～が……になりました。」という文の形となっているものを現象文と呼んでいます。書き手や語り手が事物や様子を外側から客観的にながめて描き出している文の形です。

なお、二つ目の事例でも、「明るいオレンジ色の鼻お（がついている）。」と補ってみると、立派に現象文の形になります。

しかし、先にも見ておきましたが、実際には、語りや説明の表現の途中で描写の表現が現れることも少なくはありません。

したがって、一つひとつのことばから見れば明らかに描写的であっても、文としては、たとえば、「赤い色のつま皮は……かざられています。」といった形（現象文に対して、判断文といいます。）になっている場合もあります。

そこで、描写の表現を判別する方法としては、現象文であるかどうかが一つの有力な手がかりとなります。

ただ、補助的には、色彩を表すことばや様子を表すことばのような五感に訴えることばも手がかりとして注意していく必要があります。

描写の表現が大切なのは、人物の姿や行動が描かれているときには、多くの場合、そこにその人物の行動や心の動きに関係する重要な意味が隠されているからなのです。

単なる事物が詳しく描写されていれば、その事物は、その話や登場人物にとって重要な意味をもっている場合が多いのです。たとえば、その事物の描き方には、その事物を見ている人物のものの見方や感じ方が間接的に表されていると考えてよいのです。

また、語りや説明の表現の途中でさり気なく情景描写などが出てきたときには、その部分に人物の重要な心の動きが間接的に描き出されていたりする場合があります。

時には、その部分に作品全体にかかわる重要な意味が暗示されていることもあるのです。

そうした事例を一つだけみておきましょう。


らんまんとさいたすももの花が、その羽にふれて、雪のように清らかに、はらはらと散りました。

（「大造じいさんとがん」小五）


この「すももの花が……はらはらと散りました。」という情景描写には、誇り高いりょう師である大造じいさんのすがすがしい気持ちが描き出されているとみることができます。

その大造じいさんのすがすがしい気持ちについては、次のような大造じいさん自身のことばによって端的に表されています。

「おうい、がんの英ゆうよ。おまえみたいなえらぶつを、おれは、ひきょうなやり方でやっつけたかあないぞ。なあ、おい、今年の冬も、仲間を連れてぬま地へやってこいよ。そうして、おれたちは、また、堂々と戦おうじゃないか。」（同右）

大造じいさんのこのことばは、じいさんの心の中を描き出しているのです。そして、隣の情景描写と響き合って、「北へ北へと飛び去っていく」がん（「残雪」）を見守っている大造じいさんのすがすがしい気持ちを描き出しているといえるのです。

【課題】「やまなし」や「大造じいさんとがん」の中で用いられている〈描写〉の表現の役割について話し合ってみましょう。

四　会話・内話（小学三年～五年）

今回は、文学的な文章の中で多くの部分を占めている会話の表現についてみていくことにしましょう。

会話の表現には、会話と内話との二種類の表現があります。

会話の場合は、作中に登場してくる人物が話したことばをそのままに引用しています。普通は登場人物が声に出して話すことばですから、「　」で表されます。

これに対して、内話の場合は、登場人物が声に出さないで心の中で思っていることをそのままに引用したものです。この場合は、「　」で表されたり、（　）で表されたりします。時には、――で表されたり、さまざまです。

会話・内話の表現は、登場人物が発したことば、あるいは心の中で思ったことがそのままの形で述べられています。

ですから、これらの表現は、人物が述べたように、あるいは心に思ったように書き表されているので、人物のことばをそのまま描写したものとみなすことができます。

登場人物が声に出して話していることばを引用した会話の部分は、その人物の声の響きまで聞こえてくるような感じをもたらしています。

また、声には出さないで心の中で思っていることを引用した内話の部分は、その人物の心の中の様子が見えてくるような感じを与えています。

したがって、会話・内話の表現には、人物の性格や人柄、さらには、人物の心の中や心の動きまでも具体的に描き出すはたらきがあるのです。

ですから、会話や内話の表現には、やはり先にみてきたような描写のはたらきが備わっているとみることもできるのです。

具体的な例文でみていきましょう。

マサエは、ふと思い出して、台所のお母さんをよびました。

「お母さん、わたしのスキーぐつ、かわいている。あした、学校でスキーの日だよ。」

お母さんが、水音を立てながら答えました。

「おや、あしただったの。それじゃ、もう一度見てごらん。さっき、新聞紙をまるめて入れといたから、あらかたかわいたと思うけど。」


（中略）


「うへえ、冷たあい。お母さん、どうするう。」

「新しい新聞紙とかえてごらん。ひものところも、しっかりくるむようにしてね。あしたまでには、なんとかかわくだろ。」

「かわくかなあ。なんだか、まだびしょびしょみたいだよ。」

すると、茶の間のこたつから、おばあちゃんが口を出しました。

「かわかんかったら、わらぐつはいていきない。わらぐつはいいど、あったかくて。」

「やだあ、わらぐつなんて、みったぐない。だれもはいてる人ないよ。第一、大きすぎて、金具にはまらんわ。」


（「わらぐつの中の神様」小五）

この会話には、マサエとお母さんとおばあちゃんの三人の人柄やものの見方・考え方がとてもよく表されています。

マサエとお母さんとのやりとりの部分からは、わがままで甘ったれな娘の性格と、よく気がつくやさしいお母さんの姿とをはっきりと読み取ることができます。

マサエは、台所で水仕事をしているお母さんを呼んで、「お母さん、わたしのスキーぐつ、かわいてる。」と用事を言いつけています。「うへえ、冷たあい。お母さん、どうするう。」ということばには、マサエの甘ったれた話し方までが描き出されています。

また、最後の部分で、マサエとおばあちゃんとのやりとりからは、わらぐつの実用的な価値をしっかりと認めているおばあちゃんと、わらぐつの外見だけしか見ていないマサエのものの見方とを対比的に読み取ることができます。

右の例文の会話の表現は、この物語の最初の場面に出てきています。この話では、この後に叙述されているおばあちゃんの昔語りと、その話を聞いた後のマサエの心の変化、ものの見方や考え方の変化が極めて重要な内容となっています。

それだけに、マサエとお母さんとおばあちゃんとの会話によるやりとりが三者の性格づけを表すとても大切な役割となっています。

次の事例は、内話の表現です。

「しめたぞ！　もう少しのしんぼうだ。あの群れの中に一発ぶちこんで、今年こそは目にもの見せてくれるぞ。」

りょうじゅうをぐっとにぎりしめた大造じいさんは、ほおがびりびりするほど引きしまるのでした。

ところが、残雪は、油断なく地上を見下ろしながら、群れを率いてやってきました。

そして、ふと、いつものえ場に、昨日までなかった、小さな小屋をみとめました。

「様子の変わったところに近づかぬがよいぞ。」

かれの本能は、そう感じたらしいのです。ぐっと急角度に方向を変えると、その広いぬま地の、ずっと西側のはしに着陸しました。

(「大造じいさんとがん」小五)


右の例文では、二箇所に内話の表現がみられます。

どちらも、普通の会話と同じように「　」で表されています。

最初の内話は、話し相手が目の前にいるわけではありませんから、大造じいさんの心の中のつぶやきです。

大造じいさんの「残雪」に対する闘争心が描き出されています。

二つ目の内話も、「　」で表されています。

ここは、「残雪」のつぶやきです。がんですから、もちろん、ことばを話すわけではありません。

このつぶやきは、「残雪」の知恵と用心深さとを描き出しています。

こうした会話・内話の表現には、登場人物の性格や人柄、心の動き、ものの見方や考え方などが生き生きと具体的に描き出されています。

本来、人物の内面や心の動きなどは、説明で簡単に述べ尽くせるものではないのです。語り手の説明では、一面的な印象を読者に与え、客観性に欠けるところがあります。ですから、簡単に説明してしまわないで、その人物のことばそのものを引用して述べ、そのことばから人物の性格や人柄、心の動きを読者に読み取らせようとするのです。

【課題】「モチモチの木」や「白いぼうし」を〈会話〉・〈内話〉の表現に注意しながら読んでみましょう。

Ⅱ 文章の表現技法を理解させる教材

一 比喩法（小学二年〜六年）

比喩《ひゆ》法は、書き手が表したいと思っている事柄を表すためのことばが、普段使用していることばの中にない場合に用いられる用法です。

比喩法には、いくつもの種類がありますが、ここでは、代表的な用法として、直喩《ちょくゆ》法・隠喩《いんゆ》法・擬人《ぎじん》法・声喩《せいゆ》（オノマトペー）について取り上げてみましょう。

1 直喩（小学二年・三年）

直喩とは、たとえとして用いられるものとたとえられるものとがひと目で分かるような特定の形式（「ちょうど……のよう」「まるで……みたい」など）で表されている比喩法です。

具体的な事例でみていきましょう。
次にあげる事例は、「スイミー」の中に用いられている用法です。

(ア) ある日、おそろしい　まぐろが、おなかを　すかせて、すごい　はやさで　ミサイル　みたいに　つっこんできた。
(イ) にじ色の　ゼリーのような　くらげ。
(ウ) 水中ブルドーザーみたいな　いせえび。
(エ) ドロップみたいな　いわから生えて　いる、こんぶや　わかめの　林。
(オ) そして、風に　ゆれる　もも色の　やしの　木みたいな　いそぎんちゃく。

右の事例の中で、□で囲まれている語句が「たとえられているもの」で、傍点をつけた語句が「たとえとして用いられているもの」です。そして、——線を付けた語句が直喩であることを示している形式です。この形式から、(ア)から(オ)までの事例がひと目で直喩であると分かります。

これらの直喩の技法は、語り手がスイミーの目と心を通した形で周囲の様子を述べています。ですから、「たとえとして用いられているもの」にスイミーが見ているもの、すなわち「たとえられているもの」に対するスイミーの見方や感じ方がよくあらわれています。

(ア)では、「まぐろ」のことを「おそろしい」と感じていますから、「ミサイル」にたとえています。

けれども(イ)から(オ)では、スイミーが海の底で見た「すばらしいもの」「おもしろいもの」としてとらえられているので、〈たとえ〉も「ゼリー」「水中ブルドーザー」「ドロップ」「やしの木」といったものが用いられています。

このような直喩の表現からは、「ミサイル」や「ゼリー」「水中ブルドーザー」「ドロップ」などがどんな感じを与えるものであるかを考えることによって、スイミーがこの時におかれていた心の状態などを具体的に想像することができるはずです。

また、「まぐろ」や「くらげ」「いせえび」、海の底にある「いわ」や「いそぎんちゃく」などについても、それらの実際の姿や様子を生き生きと思い描くことができます。このことから、比喩の表現には物事を生き生きと描き出すはたらきがあることを理解することができます。

【課題】「スイミー」を読んで、〈直喩〉の表現を手がかりに〈スイミー〉という魚の特ちょうについてまとめましょう。

2 隠喩（小学五年・六年）

隠喩は、直喩の場合のように、それと分かるような特定の形式を備えてはいません。けれども、ことばとことばとの間の結びつきが普段考えられているような意味やつながりから外れていると感じさせるような比喩法です。

「時が流れる」とか「心の重荷」などがその事例です。「時が流れる」という隠喩は、これまでも言い古されてきた言い方ですが、「時」というものは本来は「流れる」ものではないので、表面的にはこの二つのことばの間におけるつながりはありません。けれども、この言い方で「時」を〈川〉に見立てて、その過ぎていく状態を「流れる」と言い表しているので比喩の表現とみなせるのです。

次の事例は、「雪わたり」（小五）という作品の中で用いられている用法です。

(ア)赤いふうろう細工のほおの木の芽が、風にふかれてピッカリピッカリと光り、林の中の雪には(イ)あいの木のかげが一面あみになって落ちて、日光の当たるところには銀のゆりがさいたように見えました。

ここには、二つの隠喩が使用されています。

(ア)は、「赤いふうろう細工」のような形をした「ほおの木の芽」という意味です。(イ)は、「かげが落ちる」というすでに言い古されてきた言い方ですが、やはり、「かげ」と「落ちる」の間には、物理的に見て不自然な関係がありますから、二つのことばの間におけるつながりはありません。

これらの表現が、ことばの結びつき方からみれば、明らかに不自然でつながりがないのに、この場面においてはそれほど不自然に感じられないのはどうしてなのでしょうか。

それは、ここに描き出されている情景が普通の言い表し方では表すことのできないようなものだからではないでしょうか。

この場面は、四郎とかん子、それに子ぎつね紺三郎《こんさぶろう》の三人の目に映った情景です。林の中の様子がこのように不思議な情景に見えたのは、三人の明るくはずんだ心のせいでもあるのです。ですから、この隠喩の表現にはこうした心が反映されているということが分かるのです。

隠喩の表現には、登場人物の心の中を映し出す効果や、この表現にかかわる人物のものの見方が表れているので注意していく必要があります。

【課題】「雪わたり」を読んで、〈隠喩〉の表現を手がかりに登場人物が心の中で思っていることを想像してみましょう。

3　擬人法（小学三年）

擬人法は、無生物や人間以外のものを人間になぞらえて表現しようとする表現技法です。

直喩や隠喩の表現と比べてみると、この擬人法は、隠喩の中に含めてもおかしくない表現技法であるともいえます。

けれども、教科書に取り上げられる教材の中で多く見受けられるものが、この擬人法であり、こちらの方が隠喩の表現よりも理解しやすい表現技法であるということができます。

「川とノリオ」（小六）という教材では、しばしばこの擬人法の表現上の効果が問題となります。事例に沿ってみていくことにします。

(ア)　町外れを行く、いなかびたひと筋の流れだけど、その川はすずしい音をたてて、さらさらと休まずに流れている。

(イ)　春にも夏にも、冬の日にも、ノリオはこの川の声を聞いた。

(ウ)　（おいで、おいで。つかまえてごらん。わたしは、だあれにもつかまらないよ。）川の水がノリオを呼んでいる。白じらと波だって笑いながら。

(エ)　川はいつのまにか笑いをやめて、ひたひたとノリオをとり巻いた。

この教材では、他にもいくつかの無生物が擬人化されて表現されていますが、最も多く擬人化されているのが「川」です。

(ア)は、この教材の冒頭の一節です。冒頭から、ほとんど擬人法とは分からないような形ですが、「すずしい音をたてて、さらさらと休まずに流れている」という表現に、書き手の擬人化への意識が働いています。

題名通りに、この教材において〈川〉の果たしている役割の大切さが象徴されている箇所です。この直後に(イ)の一文が来ています。〈ノリオ〉は、いつでもこの「川の声」を聞いていたというのです。

(ウ)は、〈川〉が〈ノリオ〉に呼びかける形で、全体が擬人法となっています。この「また早春」という場面では、これと同じような表現が三箇所出現して、〈ノリオ〉の生活が〈川〉とは切り離せない関係にあったことを表しています。

いくども季節を重ねるうちに、〈ノリオ〉の生活にはさまざまな不幸がおしよせてきますが、〈川〉はどんなときでも〈ノリオ〉と共にあって、「さらさらと歌」い、「さらさらとすずしいせの音をたて」て、「いっときも休まず流れ続け」ているのです。

このような〈川〉の様子をその擬人化の表現から読み取り、〈ノリオ〉のおかれている状況と比較することで、この「川とノリオ」という物語の中心的な内容に迫っていくことができます。

このように、擬人法という表現技法は、〈川〉のような無生物をも〈人格化〉して描き出す方法ですから、そこには、他の人格を持っている登場人物との密接な関係が存在します。こうした点に注意して読んでいくことが必要になります。

【課題】「川とノリオ」を読んで、〈擬人法〉を手がかりに「ノリオ」にとって「川」はどのような役割を果たしているのか考えてみましょう。

4　声喩《せいゆ》（オノマトペー）（小学三年）

声喩は比喩の一種と考えられていますが、他の比喩とは根本的に異なるところがあります。多くの比喩の表現は、一般的には、表現しようとするものごとを〈形〉を通して具体化しようとします。

これに対して、声喩の場合は、ものごとの中の音や声はもちろんですが、状態や様子の感じまでも〈音声化〉した表現で具体化しようとします。

たとえば、「木の葉がさらさらと落ちてきた」という場合には、「さらさら」という〈音〉を〈音声化〉しています。

「雪がちらちらと降っている」という場合には、「ちらちら」は〈形〉を〈音声化〉して表したものです。「あわはつぶつぶ流れました」という場合には、「つぶつぶ」も、〈音〉のない状態をこのように〈音声化〉して表しているのです。

また、「ぐったりと横たわっていた」の「ぐったり」とか、「ぼんやりとたたずんでいた」の「ぼんやり」などは、明らかに〈音〉のない状態や様子などの〈形〉を〈音声化〉して表そうとしたものです。

これらの使用例のうち、一般的には、「さらさら」のように、〈音〉を〈音声化〉して表したものを擬声語と呼んでいます。

また、「ぐったり」とか「ぼんやり」のように、ものごとの状態や様子を〈音声化〉して表したものを擬態語と呼んでいます。

けれども、中には「ちらちら」とか「つぶつぶ」のように、擬声語と擬態語の中間に位置しているようなものもあって、両者を厳密に区別することが難しい場合が意外と多いものです。

そこで、〈音〉を出すものであっても、〈音〉を出さないものであっても、最終的には、どちらも〈音声化〉

して表そうとする点では同じなので、これらの表現をまとめて「声喩」と呼んでおいた方が適切ということになります。声喩ということばが難しく思われるので、「オノマトペー」と呼んでもよいのです。

「かさこ地ぞう」（小二）の中の具体例でみておきましょう。

(ア) そこで、じいさまと　ばあさまは、土間に　下り、ざんざら　すげを　そろえました。

(イ) じいさまは、とんぼり　とんぼり　町を　出て、村の　外れの　野っ原まで　来ました。

(ウ) すると、ばあさまも　ホホと　わらって、

　　あわの　もちこ
　　ひとうす　ばったら

　と、あいどりの　まねを　しました。

(エ) そして、じいさまの　うちの　前で　止まると、何やら　おもい　ものを、ズッサン　ズッサンと　下ろして　いきました。

(ア)から(エ)までの――線を附した事例が声喩（オノマトペー）です。いずれも普通に用いられている声喩と比べると見慣れないものが多いことがわかるでしょう。

　それだけ、〈音声化〉に工夫をこらしていることがひと目で理解されるでしょう。

(ア)の「ざんざら」は、すげをそろえる音と様子を共に〈音声化〉して表していることばです。

これと同じ種類のものは、(ウ)の「ばったら」です。

(ウ)の「ホホ」と、(エ)の「ズッサン　ズッサン」は、カタカナ書きで示されているように、〈音〉を〈音声化〉して表している事例です。

(イ)の「とんぼり　とんぼり」は、じいさまの力ない歩きぶりを、つまり、〈様子〉を〈音声化〉して表している事例です。

いずれの場合も、特別な〈音声化〉の表現によって読み手の聴覚や想像力に訴えて、その場面の状態や様子を具体的に生き生きと描き出していることが分かります。

声喩にも明らかに物事を具体的に描き出す働きが備わっていることが分かります。

【課題】「かさこ地ぞう」を読んで、用いられている〈声喩〉がどのような働きをしているかを考えてみましょう。

二　対比法（小学二年～六年）

対比法とは、人物やものごとの異なる性質や特徴を並べて示すことで、そのどちらか一方を強調する効果をもたらす表現技法のことです。

対比法には、文章全体の中での場面と場面との対比や段落相互の対比、人物像の対比などもあります。けれども、これらについては、文章構成や筋（プロット）における対比として考えていくことにしましょう。

ここでは、文と文、語句と語句というレベルでの対比だけに限ります。

「たんぽぽの　ちえ」（小二）という説明文における対比の事例をみてみましょう。

(ア)　よく晴れた　日には、わた毛の　らっかさんは、いっぱいに　ひらいて　とんで　いきます。

(イ)　はんたいに、しめりけの　多い　日や、雨ふりの　日には、わた毛の　らっかさんは、すぼんで　しまいます。

(ア)と(イ)の文は続いていて、両者は対比的に記述されています。たんぽぽのわた毛のらっかさんに起こる二つ異なった現象をあげています。

この部分には、それまで述べてきた〈たんぽぽのちえ〉の典型を示す事実が述べられています。

この対比によって、たんぽぽには、そのわた毛のらっかさんのはたらきを最大限に発揮できるようなすばらしい知恵が備わっているということが強調されているのです。

この部分は、「たんぽぽの　ちえ」という題名の意図するところと密接につながっており、この文章全体でもかなり重要な役割を果たしていることが分かります。

文学教材の場合でみてみましょう。

「どろんこ祭り」（小六）という教材に次のような部分があります。

せっちゃんは、ナマズでも食用ガエルでも、平気でつかんでびくに入れるが、三郎はナマズの大きな口を見ると、体がすくんで、びくを落っことしそうになる。

この物語では、冒頭に〈せっちゃん〉という女の子と〈三郎〉という男の子の性格が紹介されています。〈せっちゃん〉はおてんばで男の子みたいなのですが、〈三郎〉の方はその逆なのです。

右の部分は、川へ魚取りに行った時の二人の仕草を対比的に叙述しています。この二人の人物の正反対の性格が描き出されています。

この物語では、冒頭における二人の人物の性格に象徴されるように、この二人の人物の行為や仕草が詳しく描き出されています。

要するに、女の子が男の子みたいで、男の子が女の子みたいな人物設定となっているのです。

ところが、どろんこ祭りの時の〈せっちゃん〉のいたずらがもとで、二人は、皮肉にも本来の男の子、女の子に立ち戻ったような具合になります。

その最後の場面では、二人の行為が次のように描き出されています。

しかし、今日はいつもの三郎ではなくなって、ほっそりとした首をしゃんとのばし、やんちゃな男の子みたいに、力をこめてせっちゃんの手を引っ張って起こしてやった。

せっちゃんのほうは、自分のいたずらからこんなことになって、これまたいつものせっちゃんらしくなく、おろおろしていた。

右の場面で用いられている対比法では、対比されている二人の人物のどちらか一方のある一面が強調されているというより、双方がそれぞれに一方の性格に対照されて強調されるというお互いの働きかけがみられます。

こうした物語の場合には、全体を通して二人の人物の性格の対比が行われていきますから、それぞれの性格を対比的に表している語句などにも十分注意しながら読んでいくことが必要となります。

ただ、この物語の場合には、この二人の人物像を読み取っていくところに目的をおくよりも、最後の思いがけない逆転のおもしろさを楽しんでいくところに目的をおいた方がよいでしょう。

【課題1】「たんぽぽの　ちえ」を読んで、〈対比法〉を手がかりにたんぽぽに隠されているすばらしい知恵を読み取っていきましょう。

【課題2】「どろんこ祭り」を読んで、〈対比法〉による人物の描き方のおもしろさについて話し合ってみましょう。

三　反復法（小学一年～四年）

反復法とは、同じ事柄や内容を繰り返し示すことで一定の意味・内容を強調する表現技法です。

反復の仕方には、全く同じことばで同じ事柄や内容を繰り返す場合と、ことばを変えて同じ事柄や内容を繰り返す場合とがあります。

どちらの場合でも、同じ事柄や内容を繰り返し述べるということは、そこに繰り返し述べなければならない理由があると考えていくべきです。

多くの場合には、繰り返される事柄や内容そのものに大切な意味が含まれています。その大切な意味とは、述べられている事柄や内容がもともと備えている本質であったり、価値であったりすることが多いようです。

「どうぶつの赤ちゃん」（小一）という教材で具体的にみていくことにしましょう。

この教材では、「ライオン」「しまうま」「カンガルー」の三種類の動物の赤ちゃんの生まれたばかりの様子と、成長の過程が簡潔に説明されています。

この教材の中で用いられている反復法では、さまざまな事柄や内容が反復されています。

この教材では、動物の赤ちゃんの様子や成長過程を説明する手順と方法に沿ってみていくと、反復という表現技法がよく理解できます。

その手順と方法をみてみますと、三種類の動物に共通して取り上げられている事柄が同じことばで出てきています。

①「赤ちゃん」の大きさ、②目や耳の状態、③生まれたばかりの時の歩き方、④お母さんのおちちを飲む時期などです。

なお、これらの事柄や内容の中には、直接出てきていませんが、やはり、三種類の赤ちゃんの様子と成長の過程に共通して繰り返し述べられている内容、繰り返し用いられている同じことばがあります。

それは、〈自分自身の力で立ち上がったり、獲物をつかまえたり、草を食べたりするようになる〉様子が繰り返し説明されていること、また、「じぶんでは」「じぶんで」といったことばが繰り返されていることです。

これらの繰り返されていることばや事柄に目を向けて読んでいくことで、それぞれの動物の赤ちゃんの共通点や相違点がはっきりと理解できるはずです。

そして、とりわけ重要なのは共通する点です。共通する点から、こうした野生の動物の赤ちゃんの本質をはっきりと読み取ることができるからです。

もう一つ、文学教材でみておきましょう。

「一つの花」（小四）という教材では、本文の中でもこの題名にある「一つ」ということばが繰り返し用いられています。やはり、「一つ」ということばがこの教材の中では重要な役割を果たしているとみなすべきです。

注意したいのは、「一つ」ということばの意味が、物語の展開にしたがって変わってきていることです。

最初に繰り返し出てくる「一つ」は、「お母さん」と「ゆみ子」の口から出てきたことばです。お母さんが口にした物質的欠乏を意味する「一つだけ」という口ぐせのことばが「ゆみ子」の口ぐせにもなってしまったのです。

ところが、ゆみ子の「お父さん」の「ゆみ。さあ、一つだけあげよう。一つだけのお花、大切にするんだよ――。」ということばで、「一つ」ということばに新たな意味が吹き込まれることになります。つまり、〈物質的な欠乏〉という意味から〈精神的な価値＝たった一つのかけがえのない美しいもの、大切なもの〉という意味に転換しているのです。

反復法の表現では、反復されることばや事柄・内容の裏に潜んでいる意味やその意味の変化に注意して読んでいくことが大切になります。

【課題1】　「どうぶつの赤ちゃん」を読んで、〈反復法〉を手がかりに動物の赤ちゃんと人間の赤ちゃんとの違いについて考えていきましょう。

【課題2】「一つの花」を読んで、〈反復法〉を手がかりに「一つ」ということばの意味について考えていきましょう。

四　倒置法（小学五年・六年）

倒置法とは、文法上からみた場合、論理の順序を逆にする表現技法のことです。

この表現技法は二つの効果を生み出します。

まず、逆にすることで、前にもってこられた部分が強調されます。同時に、後にきた部分の最後が〈中止〉の形となるので、そこに余韻が生じて余情を感じさせるという効果を生み出すことが多くなります。

河井酔茗の詩「ゆずり葉」（小六）という教材があります。この詩の第二連目は、次のようになっています。

こんなに厚い葉

こんなに大きい葉でも
(ア)新しい葉が出来ると(イ)無造作に落ちる
(ウ)新しい葉にいのちをゆずって――。

――線を附した部分の通常の慣用による順序は、(ア)・(ウ)・(イ)となるはずです。(イ)と(ウ)がひっくり返っています。明らかに、「無造作に落ちる」という事態が強調されています。

前に述べられている「こんなに厚い葉」「こんなに大きい葉でも」ということばも、(イ)の部分の意味を強めてます。これらのことばが、(イ)と(ウ)の倒置によって(イ)に接近し、結果的に(イ)の意味を強めることにも作用しているのです。

また、(ウ)の部分の最後は〈中止形〉であり、しかも〈――ダッシュ〉で終わっていますから、〈……リーダー〉よりもやや緊張を帯びた余韻を残す感じをもたらしているとみることができるでしょう。この最後の部分では、読み手はちょっと間を置いて、再び(イ)の部分「無造作に落ちる」を頭の中で繰り返すことになりますから、二重に(イ)の部分が強調されることになるのです。

この場合の倒置法は、明らかにこの詩の題名にもなっている「ゆずり葉」の〈ゆずる〉という極めて重要な行為を強調しています。その意味からも是非とも取り上げていかなければならない部分です。

もう一つの事例をみておきましょう。

教材「川とノリオ」（小六）には、多くの倒置法が出てきます。

その多くは、次の二つの事例にみられるように、後ろに倒置された部分が前にすえられた部分の内容を補う形をとっています。結果的には、一つの文が長くなるのを防ぐ役割も果たしているとみることができます。

①町外れを行く、いなかびたひと筋の流れだけれど、(ア)その川は(イ)すずしい音をたててさらさらと休まずに流れている。(ウ)日の光のチロチロゆれる川底に、ちゃわんのかけらなどしずめたまま。

②母ちゃんの生まれるもっと前、いや、じいちゃんの生まれるもっと前から、(ア)川は(イ)いっときの絶え間もなく、この音をひびかせてきたのだろう。(ウ)山の中で聞くせせらぎのような、なつかしい、むかしながらの川の声を――。

①と②の部分は、間にある一つの文を隔てて、この作品の冒頭の場面を構成しています。

①も②も共に、「音をたてて」「音をひびかせて」「休まず」に「いっときの絶え間もなく」流れている「川」の様子を強調しています。

そして、さらに①は、「いなかびたひと筋の流れ」と、「すずしい」「さらさらと」した音を強調し、②は、「母ちゃんの生まれるもっと前」「じいちゃんの生まれるもっと前から」ということも強調しています。

このように、物語の冒頭の場面で、「川」の様子を詳しく叙述し、しかもその川が昔から変わらずに絶えることなく、すずしい音を響かせて流れてきたことが、倒置法によって表現されているという事実は極めて重い意味をもっています。

この作品では、「川」の果たしている役割・意味について考えながら読んでいくことを避けては通れないのです。

ですから、この問題を考えていくためにも、この冒頭の場面における倒置法を取り上げていく必要があるということになるのです。

なお、この冒頭の場面を取り上げる順序は、作品全体を読み味わった後で、再びこの場面に立ち戻ってこの作品における「川」の役割や意味について考えさせていくという方法もあるでしょう。

なお、このような倒置法の技法が、この作品を叙事詩のような簡潔で歯切れの良い文体を作りだすことにひと役かっている点にも注目しておく必要があるでしょう。

それは、叙述する順序を普通の形に改めて、両者を比較してみることで明らかになってくるはずです。

【課題】「川とノリオ」を読んで、〈倒置法〉を手がかりにこの作品における「川」の役割や意味について考えていきましょう。

五　省略法（中学一年）

省略法とは、意識的にことばの無駄を省き、文章を簡潔にして含みや余韻を多くしようとする表現技法です。

省略法の中で省略されることばは、助詞・助動詞であったり、主語であったり、句であったり、述語であったり、さまざまです。

中には、全体を通して要点だけを取り出して記し、他は読み手の想像に任せるという場合もあります。

こうした省略の技法は、助詞・助動詞の品詞や、主語・述語などの文の成分のように、本来ならあるべきはずのことばが出現していないという場合には、比較的分かりやすいのです。

ところが、全体を通して要点のみ記されていて、その他の余分なことばがそぎ落とされているという形での省略は、それと判断するのが分かりにくいものです。

たとえば、述語の省略などは、文末が〈体言止め〉の形をとることが多いので分かりやすいのです。

さらに、〈――〉や〈……〉などの区切り符号もしばしば省略部分に用いることがありますから、判断の手がかりとなります。

また、文末が〈いいさし〉の形となっていて、省略と判断することができる場合もあります。

省略法は、最初に述べたように、文章を簡潔にして含みや余韻を持たせようとする表現技法ですから、文学教材に多く用いられています。

「大人になれなかった弟たちに……」（中一）という教材があります。

この教材では、題名からして、すでに〈……〉と省略法が用いられています。

(ア) でも、ときどき配給がありました。ミルクが一缶、それがヒロユキの大切な大切な食べ物でした……。

(イ) 母は、よく言いました。ミルクはヒロユキの御飯だから、ヒロユキはそれしか食べられないのだから――。

(ウ) でも、僕はかくれて、ヒロユキの大切なミルクをぬすみ飲みしてしまいました。それも、何回も……。

(エ) 僕にはそれがどんなに悪いことか、よくわかっていたのです。でも、僕は飲んでしまったのです。僕は弟がかわいくてかわいくてしかたがなかったのですが、……それなのに飲んでしまいました。

これらの事例では、〈……〉や〈――〉の区切り符号を手段として省略法が用いられていることが分かります。なお、区切り符号の働きについては、改めて考えていくことにします。ここでは、省略法としてみていくことにします。

(ア)では、弟の「ヒロユキ」の食べ物であった「ミルク」の大切さが〈……〉で強められているとみることができます。「大切な大切な」とことばを繰り返してもなお、現代の読者には理解してもらえないであろうといった語り手の気持ちがあらわれているとみることもできます。

(イ)では、〈――〉によって、母の平素の口癖が強められ、重い響きをかもし出しています。

(ウ)では、それほどまでに大切なミルクをぬすみ飲みしてしまった「僕」の、自分を責める気持ちが「何回も何回も」ということばの省略によって暗示されているとみることができるでしょう。

(エ)では、「それなのに飲んでしまいました」の前に〈……〉を置くことで、「僕」の自分を責める気持ちと同時に、その当時の食料の極端な欠乏という状況へのやりきれない気持ちも暗示されているとみることができるでしょう。

これらの事例で分かるように、省略法は、通常のことばでは表しがたいような複雑な心理を描き出すという効果も果たしているのです。

ことばによる表現を拒絶しているような極端な状況を表すのには、省略法は欠くことのできない表現技法であるともいえます。

【課題】「大人になれなかった弟たちに……」を読んで、〈省略法〉を手がかりに登場人物の気持ちや場面の雰囲気を想像して話し合ってみましょう。

六　設疑法（誘いかけ法）（小学五年・六年）

設疑法（誘いかけ法）とは、簡単には下せない結論をわざと疑問の形にして、その判断を読者にも行わせようとする表現技法です。

この場合、もちろん、書き手の中では、あらかじめ結論にたどり着くまでの考えの道筋ができています。したがって、読者はこの道筋をたどることで、あたかも自分の力でその結論に到達したような感じを抱くことになります。

この表現技法は、読み手を無意識のうちに書き手の問題意識の方向に誘導して、書き手といっしょにその問題について考えていくといった姿勢を作らせるのに効果的です。

読み手への呼びかけのはたらきも備えているのです。

設疑法は、説明的文章にしばしば用いられている表現技法であり、見過ごせない技法の一つです。

具体的な事例でみていくことにしましょう。

「大陸は動く」（小五）という説明文教材です。

ここに、一まいの地図がある。大西洋を中心に、東側にアフリカ大陸とヨーロッパ、西側に南北アメリカ大陸がえがかれている。この地図をじっくりながめてみよう。(ア)何か気付くことはないだろうか。

ためしに、アフリカの西海岸と南アメリカの東海岸とを合わせてみよう。まるではめ絵パズルのように、見事に重なり合ってしまうではないか。(イ)こんな不思議なことが、ぐう然に起こるものだろうか。

今から七十年あまり前、ドイツの気象学者アルフレッド＝ウェゲナーは、この海岸線のなぞに気付き、強く興味をそそられた。(ウ)なぜ、こんなことが起こったのだろうか。あるとき、ウェゲナーの頭に大たんな考えがひらめいた。(エ)大西洋の東と西の大陸は、もともとくっついていたのではないか。(オ)それが二つに分かれて移動し始め、今では何千キロメートルもはなれてしまったのではないか。

右の事例は、この説明文教材の冒頭の三段落です。

これだけの部分に五つもの設疑法が用いられているのはとても珍しいことです。

それだけこの文章で考察されている問題が普通の規模の問題ではないことを意味しているといえるでしょう。

ところで、右の文章の四行目から五行目に「まるではめ絵パズルのように、見事に重なり合ってしまうではないか。」とあります。

この部分は、一見すると、設疑法に似ていますがそうではありません。読み手への呼びかけの気持ちは示されていますが、この場合の終助詞「か」は、〈問いかけ〉ではなく、〈詠嘆〉の気持ちを表しています。とはいっても、呼びかけの気持ちが示されているという点では、極めて設疑法に近いものであると考えてもよいでしょう。
(ア)・(イ)・(ウ)はいずれも設疑法とみることができます。
ただ、この中の(イ)は、〈疑問〉〈問いかけ〉の形にもなっていますが、〈反語法〉ともなっています。この場合、終助詞「か」には、〈疑問〉〈問いかけ〉〈反語〉と三重の意味が込められているとみなすことができます。書き手自身の〈疑問〉〈反語〉と読み手への〈問いかけ〉です。

〈疑問〉や〈反語〉の意味を含んだ設疑法は、書き手と読み手とを混然一体とさせるので、その分、読み手をその問題に誘い込む効果が高まるといえます。
(エ)と(オ)も一応設疑法の形になっていますが、先の(ア)や(ウ)とはちょっと異なる趣を呈しています。この部分は、直接には、ドイツの気象学者ウェゲナーの考え・疑問の引用なのです。しかも、このウェゲナーの考え・疑問をそのまま設疑法として用いているということになります。
しかも、この部分は明らかに、この教材「大陸は動く」の結論に当たる内容ともなっているのです。

つまり、これらの三つの段落の部分は、(ア)・(イ)・(ウ)で問題の所在(＝疑問)が〈問いかけ〉の形で示され、(エ)・(オ)でその〈解答〉が同じく〈問いかけ〉の形で示されているのです。

この部分は、いわば、読み手に対して、あらかじめ説明しようとすることの骨格をとらえさせておき、同時にこの問題に関する興味・関心を抱かせようとしているのです。

設疑法が極めて重要な役割を果たしている事例といえます。

なお、この教材では、右の三段落に出てくるものとは別に、次のような設疑法が用いられています。

○カタツムリが、大西洋を泳いでわたることなどできるだろうか。
○重く大きな大陸を、何千キロメートルも航海させたのは、いったい何の力なのか。
○大陸を動かす原動力は、何だったのだろうか。

こうした設疑法をところどころに配して、読み手の興味・関心を絶えず引きつけておくように記述しているのです。

このような設疑法に着目していく際に見落とせないことは、それが、文章全体の〈論理の展開〉と密接にかかわっているということです。

つまり、設疑法を中心として、〈設問――解答〉、〈問題提起――解説〉、〈結論――実証・論証〉といった論理の展開が浮き彫りにされているのです。

説明的文章教材における〈論理の展開〉をとらえさせていくときの重要な手がかりとして注意して取り扱っていきたい表現技法です。

【課題】「大陸は動く」を読んで、〈設疑法〈誘いかけ法〉〉を手がかりにしてこの文章の〈論理の展開〉を図式化してまとめてみましょう。

Ⅲ 文末表現の技法を理解させる教材

文末表現には、書き手の表現意図や態度、及び語り手の語る姿勢があらわれてきます。

文末表現には、現在形止めと過去形止め、断定形止め、推量形止め、否定形止めがあります。

一 現在形止めと過去形止め（小学六年、中学一年）

現在形止めの表現には、次のような用法があります。

①現在の時点における動作や物事の状態を叙述する場合。
②時間に関係なく、一般的、習慣的、普遍的な物事を記述する場合。
③歴史的現在（＝過去のできごとなどを、現に今起こっているかのような感じをもたらすように表現する）の場合。

これに対して、過去形止めの表現には、次のような用法があります。

①ある特殊なできごとを記述する場合。

②過去における動作や物事の状態を叙述する場合。

一般的に、説明文が現在形止めの表現で書かれるのは、説明文が時間にかかわりなく、習慣的、普遍的な事柄を記述する場合が多いからです。

また、物語文などの文学的な文章が過去形止めの表現で書かれるのは、この種の文章が特殊なできごと、一回限りのできごとを叙述することになるからです。

なお、物語文などの中で、現在形止めの表現があらわれることがあります。これが歴史的現在という用法なのです。

まず、現在形止めと過去形止めとの違いから実際の事例でみていきましょう。

(ア) とびうおが空中をとぶときは、まず、海中で、水面近くを上向きに、せいいっぱいのスピードを出して泳ぎます。（「とびうお」小三）

(イ) みみずは、やわらかくなった落ち葉を穴の中に引きこんで食べては、土の表面に出てきて、多量のふんをします。（「生きている土」小六）

(ウ)　このように、サロマ湖の海に通じる水路が変わったことで、湖岸に住む人々は、春先のこう水から救われ、湖のありさまやその付近の村にも、大きな変化が起こりました。
（「サロマ湖の変化」小五）

(エ)　また、木材の需要が増える一方、人手が不足しているので、木を切りたおし、葉やえだや皮をつけたまま、作業場まで運び出すことが多くなりました。そのため、土に帰る養分も少なくなりました。
（「生きている土」小六）

(ア)と(イ)の現在形止めの表現は、「とびうお」や「みみず」の一般的な習性を記述するはたらきをもっています。

一方、(ウ)の過去形止めの表現は、湖や付近の村に大きな変化が起こったという特殊な事態を記述しています。

こうした違いは、同じ説明的な文章における表現の根本的な原理を示すものであることをよく理解しておく必要があります。

ところが、(エ)の場合の過去形止めは、現在も続いている事態を表現するはたらきをもっているのです。

右の(ウ)と(エ)の文末のように、同じ過去形止めでも、表現のはたらきが異なる場合があります。ただ、右のような説明的な文章の場合には、こうした過去形止めの文末表現はそれほど多くはみられません。

圧倒的に多いのは、物語文などの文学的な文章なのです。
そこで、次に物語文における過去形止めの表現についてみておきましょう。

子ぎつねはびっくりして、雪の中に転がるようにして、十メートルも向こうへにげ(ア)ました。なんだろうと思って、ふり返ってみましたが、何もいません(イ)でした。それは、もみのえだから、雪がなだれ落ちた(ウ)のでした。まだ、えだとえだの間から、白いきぬ糸のように雪がこぼれて(エ)いました。

（「手ぶくろを買いに」小三）

(ア)・(イ)・(ウ)の文末は、過去の事態を回想している表現です。それに対して、(エ)の文末は、現在も続いている事態を表しています。いずれの場合にも、語り手の語る姿勢が感じられるのはもちろんですが、(ウ)の場合には、「――のでした」という形で、語り手の語る姿勢が強く感じられます。

このように、同じ過去形止めの文末でも、その種類によって表現のはたらきの上に微妙な違いをもたらしていることが分かります。

次に、過去形止めの文末表現の中でも特殊な歴史的現在の用法についてみておきましょう。

歴史的現在の用法は、過去形止めの表現が多い物語文の中に時々あらわれます。

歴史的現在の用法は、普通の社会的な時間における現在ではなく、心理的に今現在のことのように感じられる現在形のことを指しています。

それでも、ややためらって、行く手を見はるかす少年の目の前を、ちょうのようにひらひらと、白いものが舞い落ちる。てのひらをすぼめて受けとめると、それは、雪のようなひとひらの羽毛だった。

——あの鳥の、おくりものだ。

ただ一片の羽根だけれど、それはたちまち少年の心に、白い大きな翼となって羽ばたいた。

——あの坂をのぼれば、海が見える。

少年はもう一度、力をこめてつぶやく。

（「あの坂をのぼれば」中一）

この物語では、傍線をつけた箇所のように、現在形止めが過去形止めと交互に使用されています。白い羽根の「舞い落ちる」のが目に見えるような感じ、少年の「つぶやく」声が聞こえるような感じを読者に与えるための効果をねらって、このように過去のできごとでもあえて現在形止めを使っているのです。

なお、こうした表現技法は、過去形だけの表現に現在形を含めていくことで単調さをやわらげることにもひと役かっているのです。

【課題1】「生きている土」を読んで、〈現在形止め〉と〈過去形止め〉の文末表現の違いについて話し合ってみましょう。

【課題2】「あの坂をのぼれば」を読んで、〈歴史的現在〉の用法の効果について話し合ってみましょう。

二　断定形止め（小学六年）

断定形止めの文末には、「だ」「である」「です」などがあります。

そして、これよりも強い断定の意を表すものに、「のだ」「のである」「のです」「なのだ」「なのです」などがあります。

　そして、わすれてならないのは、人間も地球上の生物の一員として、ほかの生物たちとともに生きているということであり、自然にたよらなければ、決して生き続けることはできないということ(ア)である。人間が末長く栄えていくためには、今、手当たりしだいに自然をこわし、自然をむしばんではならない(イ)のだ。自然を守る、ということは、つまり人間自身のため(ウ)なのである。

（「自然を守る」小六）

(ア)・(イ)・(ウ)は、いずれも断定口調の表現ですが、とりわけ読者に強く説き示そうとする表現は(イ)です。次に強い口調は(ウ)です。

こうしてみると、これら一連の表現からは、書き手が、読者に対して強く訴えかけようとする息づかいまでも伝わってくるようです。

このように、同じ断定形止めの表現でも、その調子の度合いには微妙な違いがあることが分かります。

【課題】「自然を守る」を読んで、〈断定形止め〉の断定の強さについて話し合ってみましょう。

三　推量形止め（小学四年）

推量形止めの文末には、「だろう」「でありましょう」「でしょう」などがあります。

これらによく似ていますが、ややニュアンスを異にするものとして、「のだろう」「のでありましょう」「のでしょう」などがあります。

これらの文末表現は明らかに断定形止めから派生して生じたものであることが分かります。

「だ」「である」あるいは「のだ」「のである」と断定したいところを、まだ知っている程度や確実さの程度が十分でないと思った場合の書き手の姿勢が、こうした推量形止めをとらせているのです。

なお、断定形止めの場合には、「の」がつくことで、断定の調子が強まったのですが、推量形止めの場合には、「の」で記述が客観的になり、ある事態の中であまり確かでない部分についてだけ推量するという形となっています。

具体的な事例でみてみましょう。

(ア) ですから、貝塚があるということは、そのころ人間がその近くで生活していたしょうこなのだ、と考えてもいいでしょう。
(「貝塚が教えるなぞ」小六)

(イ) それよりも、やはり、貝塚は当時の海岸の近くにあったのだと考えるのが自然でしょう。
(同右)

(ウ) カブトガニは、全長約六十センチメートル、するどいつるぎのようなしっぽを持ち、頭にいかめしいかぶとのようなからをかぶっているので、このような名前が付いたのでしょう。
(「カブトガニ」小四)

(エ) おそらく、それまであたたかかった気候が、急に寒くなったのでしょう。
(「キョウリュウの話」小四)

(ア)の文では、一度、「しょうこなのだ」というように、強い断定を示して、その後で推量形止めをとっています。これは、かなり確信のもてることを述べていても、それを確かめることができないので、表現の姿勢として推量形止めをとったことがわかります。

(イ)の場合も、絶対的に確実な事実を踏まえているのではなく、相対的にみてより自然な考え方をとっているので、断定的な言い方を避けたとみることができます。

いずれの場合も、全体として確かめようのない事実について、このような表現をとったことがわかります。

これに対して、(ウ)と(エ)に関しては、同じ推量の表現でも、そのような考え方をとる根拠や理由が具体的に示されている場合の表現です。その分、(ア)や(イ)の場合の推量よりは、読み手にも同意が得られることを前提にしての表現であるということになるでしょう。

【課題】「カブトガニ」を読んで、〈推量形止め〉の表現から推量する確かさの度合について話し合ってみましょう。

四　否定形止め（小学五年）

否定形止めの文末には、最も一般的な形として、「ない」「ません」「ありません」などがあります。これらの文末表現は、断定形止めについて「ではない」「ではありません」という形をとることがあります。

したがって、断定表現に否定表現が結びつく形で、語調がかなり強くなるため、はたらきとしては一種の断定的表現とみることもできる場合があります。

なお、このような断定的で強い語調を避ける否定形止めの表現もあります。「とはかぎらない」「わけではない」「とはいえない」「ほうではない」「そうもない」などです。

また、副詞の力を借りて、「あまり（ほとんど、めったに、なかなか）～ない（でない、でありません）」というように、否定の度合いを弱める表現もあります。

逆に、否定の度合いをさらに強めるという表現方法もあります。「たことがない」「ためしがない」「はずがない」「わけがない」などです。

さらに、副詞の力を借りて、「決して（絶対に、すこしも、とても）～ない（でない、ません）」という方法もあります。

具体的な事例でみてみましょう。

(ア)　そのため、たまごが全めつする心配がありません。（「カブトガニ」小四）

(イ)　しかし車のブレーキをふむたびに、私は過去にブレーキをふむとどうなったかを思い出しているわけではない。（「『知る』ということ」小六）

(ウ)　でも、子どもたちにはやさしくて、めったにおこることはありません。（「ニホンザルのなかまたち」小三）

(エ)　虫めがねで見ていたぐらいでは、その進みぐあいは、とてもわかりません。
（「はまちょっきりのゆりかご」小五）

(ア)の場合は、普通に否定する形での表現です。(イ)の場合は、強い語調を意識的に避ける形での表現です。(ウ)の場合も、(イ)と同様に断定の語調をやわらげる表現ですが、この場合は、副詞の力を借りている点が(イ)と若干異なります。

(エ)の場合は、(イ)や(ウ)の場合と違って、否定の度合をさらに強めるという形の表現です。

このように、同じ否定形止めの文末でも、その否定の度合に微妙な違いを見出すことが可能です。

【課題】「はまちょっきりのゆりかご」と「『知る』ということ」を読んで、〈否定形止め〉の文末表現を比べて、それぞれの否定の度合の違いについて話し合ってみましょう。

Ⅳ 語句の役割を理解させる教材

一 色彩語（小学六年）

色彩語とは、文字どおり文章中で用いられていて色彩を感じさせる語句のことです。色彩語は、視覚に訴える語句ですから描写的な表現のはたらきをもっているともいえます。そして、その視覚的な美しさに一定の表現上の効果が期待されているとみなせます。

したがって、このような色彩語が出てきた場合には、その色彩を単に視覚的な美しさとしてとらえるだけでなく、その色彩の背後に潜んでいる意味をとらえることです。

色彩語には、しばしば作品全体を彩る役目が与えられていたり、その場面や登場する人物を印象づけたり、語り手の気持ちと深くかかわったりしている場合があるからです。

たとえば、「やまなし」では、次のように色彩語が用いられています。

上の方や横の方は、青く暗くはがねのように見えます。そのなめらかな天じょうを、つぶつぶ暗いあわが流れていきます。

この例では、「青く」はもちろん色彩語ですが、その他に「暗く」も「暗いあわ」という使い方からみて色彩を感じさせる語句ですから色彩語とみなせます。「はがね」も同様です。

ただ、現実には「暗い」という色彩は存在しません。「暗く」というのは、「あわ」がそのように見えるという語り手の印象を表すことばです。

「青く暗くはがねのように」ということばからは、何やら不気味な印象が感じられます。この部分の前後の「クラムボン」の「かぷかぷ」という不思議な笑い方と、まもなく起こる〈クラムボンの死〉と、これらの色彩語とを照らし合わせると、これらの色彩語は、ここに描き出されている異様な状況を暗示していると見なすことができるでしょう。

魚が、今度はそこらじゅうの黄金の光をまるっきりくちゃくちゃにして、おまけに自分は鉄色に変に底光りして、また上《かみ》の方へ上りました。

「黄金」「鉄色」「底光り」を全て色彩語と考えてよいでしょう。魚が「鉄色に変に底光り」するという光景も異様な感じを与えます。殺りく者に変じた魚の姿が浮かび上がってくる箇所です。

「やまなし」という作品におけるこのような色彩語は、物語の中の状況や登場人物（この場合は魚）と密接なかかわりをもっています。

このような色彩語の与える印象から、この物語の世界を感覚的にとらえていくことも可能となるでしょう。

【課題】「やまなし」を読んで、〈色彩語〉を手がかりに物語の「五月」の場面と「十二月」の場面が与える印象の違いについて話し合ってみましょう。

二　象徴語（中学一年）

象徴語とは、日常的なことばでは表しにくい抽象的な意味や内容を具体的ないしは感覚的に連想させるはたらきをもった語句のことです。

たとえば、ハトで「平和」を表し、白で「純潔」を表すといった場合です。

なお、象徴語と比喩とは、やや似通った性質をもっていますが、次のような点で根本的に異なります。比喩の場合は、「たとえるもの」と「たとえられるもの」との間に、感覚的に感じとりやすい関係があります。これに対して、象徴語の場合は、その語句が本来的にもっている感覚的な意味や内容によって、簡単には表しにくいような抽象的な意味や内容を表しています。

具体的な例でみていきましょう。

「にじの見える橋」（中一）という作品があります。

何もかもうまくいかないでふさぎ込んでいる少年が、歩道橋の上から思いもかけずに見た虹をきっかけにして、その心のわだかまりがとけ、明るさが戻ってくるという話です。

この作品には、「少年」の心持ちの微妙な変化が描かれているのですが、そのことを説明することばはごくわずかです。代わりに描かれているのは、「にじ」を中心とした「雪」や「雨」などの自然現象です。つまり、これらの自然の現象が「少年」の心の状態を暗示する象徴語となっているのです。「灰いろの空」も、はればれとしない「少年」の心を象徴していることばです。その「灰いろの空」を「ほんの一部分」ですが、「あざやかにまたいでいる」ところの「にじ」も、少年の心のわだかまりがとけ始めていることを暗示する象徴語となっています。

さらに、歩道橋にかけのぼって、「ひと目で見わたすことができた」はなやかな「大空のドラマ」としての「にじ」は、「少年」と仲たがいをした「友だち」との心を結ぶ〈かけ橋〉としての象徴となっているのです。

このように、「にじの見える橋」という作品は、自然の現象を表すことばを象徴語として使用することによって、「少年」の内面のドラマを巧みに描き出しています。

「やまなし」（小六）という作品の場合は、題名そのものが象徴語となっている事例です。

題名が象徴語となっている事例は決して少なくありません。

「やまなし」では、十二月の谷川に落ちてきた「やまなし」の実は、五月の谷川で魚をとって食べた「かわせみ」と対比されて描かれています。

「かわせみ」がかにの子どもらに不安を与えたのに対して、「やまなし」は、かにたちの住む谷川の世界に平和をもたらした存在として描かれています。

つまり、「かわせみ」と「やまなし」とは、「五月」と「十二月」という二つの季節を通して描き出されていく世界を象徴しているのです。

二つの世界に共通しているのは、生物の〈死〉という現象です。

ただし、十二月の世界での「やまなし」の死は、五月の世界の「クラムボン」や「魚」などのように不意に訪れた死ではなく、一生を生ききったかたちでの死なのです。つまり、かにの子どもたちに恐怖を与えた死ではなく、安らぎを与えた死として描かれているのです。

【課題】「にじの見える橋」を読んで、〈象徴語〉を手がかりに「少年」の心のドラマについて話し合ってみましょう。

三　接続語（小学二年・三年）

接続語とは、文法的にいえば、文字どおり文章の中で理由や条件を表したり、前後の文をつないでその関係を示すはたらきをもった語句のことです。

接続語をみていくときに、注意していきたいことは、それを書き手や語り手がどのような意図や気持ちで使用しているかという点です。

つまり、接続語を通して書き手や語り手の書き表す姿勢や語る姿勢を探っていくことなのです。

具体的な例でみていきましょう。

ゆでたまごは、白身も黄身もかたまって、からにぴったりついています。(ア)それで、たまご全体が一つになって、こまが回るように回ることができるのです。

(イ)ところが、生たまごの中身は、とろとろしています。(ウ)ですから、からに力をくわえて回しても、ゆでたまごの中身のように、からといっしょに回ることはありません。自分の重さで止まろうとします。

（「どちらが生たまごでしょう」小三）

この例文では、ゆでたまごと生たまごの回り方の違いを対比的に説明しています。その対比的な内容の違いを述べるのに、「(イ)ところが」といういわゆる逆接の接続語が用いられています。

また、(ア)・(ウ)は、いわゆる順接の接続語が用いられています。前文の内容が後からくる文の内容を成立させる条件という関係を表しています。

このように、接続語は、説明的な文章にあっては、書き手の論理の展開を読み手に分かりやすく示すための目印となっているのです。

このような接続語に目を向けていくことによって、書き手の思考や論理の展開の仕方を読み取っていくことができます。


文学的な文章の場合についてもみておきましょう。

「かさこ地ぞう」（小二）は昔話（民話）ですから、できごとが語り手によって語り進められていくかたちで書き表されています。できごとが時間を追って語り進められています。

このような文章では、できごとの進行を表すことばのかたちとして、いわゆる順接や並立・累加の接続語が効果的な役割を果たしています。

・そこで、じいさまと　ばあさまは　土間に　下り、ざんざら　すげを　そろえました。
・そこで、やっと、あんしんして、うちに　帰りました。
・すると、ばあさまは、いやな　顔　ひとつ　しないで、………

・すると、ばあさまも　ホホと　わらって、…………

・それから、ふたりは　つけな　かみかみ、おゆを　のんで　やすみました。

・すると、ま夜中ごろ、雪の　中を、………

・そして、じいさまの　うちの　前で　止まると、…………

このように、話のところどころに、接続語が使用されています。これらの接続語は、いわば、語り手が話の節目節目で話にはずみをつけ、読み手（聴き手）の期待に沿い、興味をさらに促すような効果を果たしているといえます。

なお、「かさこ地ぞう」の話の中には、これらの順接・並立・累加の接続語に対して、二箇所において「ところが」という逆接の接続語が使用されています。

・ところが、地ぞうさまの　数は　六人　かさこは　五つ。どうしても　足りません。

・ところが、そりを　引く　かけ声は、長じゃどんの　やしきの　方には　行かず、こっちに
ちかずいて　きました。

この最初の「ところが」という逆接の接続語は、「じいさま」の「地ぞうさま」に対するやさしい思いと読み手の期待に反する内容を接続していますが、逆に表現上は、この語句によって読み手の期

待がいっそう高められていくという効果をもたらしています。

また、この後に「じいさま」のやさしさが並のものでないことも明らかになってくるのです。二つ目の「ところが」も、「じいさま」の思いに反する内容に接続していることで、読み手の期待はいやが上にも高められるという効果をもたらしています。

「かさこ地ぞう」の中で、この「ところが」という逆接の接続語が使用されている箇所と、先の順接や並立・累加の接続語が使用されている箇所とを比べてみましょう。順接の接続語も逆接の接続語も共に、読み手の期待を高めるという語り手の語る姿勢のあらわれであることに変わりはありません。

しかし、逆接の場合には、その語り手の姿勢による期待効果が、順接とは比べものにならないことは明らかです。

さらに、この「ところが」という接続語が使用されている箇所は、この昔話の中の、いわば〈山場〉（クライマックス）にあたるところであることが分かります。

文学的な文章において、このような接続語が出てきた場合には、低学年では語り手の語り口調をこれらの接続語の読み方で表してみるとよいでしょう。

また、高学年では、順接と逆接の場合での語り口調の違いについて話し合ってみるとよいと思います。

【課題1】 説明文を読んで、そこに用いられている〈接続語〉から書き手が自分の説明したいことをどのように書き表そうとしているかについて話し合ってみましょう。

【課題2】 文学的な文章を読んで、そこに用いられている順接や逆接の〈接続語〉を手がかりにして語り手の語り口調の違いについて話し合ってみましょう。

四　指示語（小学二年〜四年）

指示語とは、「こそあど言葉」とも呼ばれます。指示語は、それまで述べてきたことのある部分をまとめて再提示し、それを後から続いてくる文につなげるはたらきをしています。つまり、指示語は、文字どおり先行する内容を指し示すはたらきをもつと同時に、それによって後先をつなぎ関係づけるはたらきをも果たしているのです。

具体的な事例でみていきましょう。

やがて、花は、すっかり　かれて、(ア)その　あとに、白い　わた毛が　できて　きます。
(イ)この、わた毛の　一つ一つは、ひろがると、ちょうど、らっかさんのように　なります。たんぽぽは、(ウ)この　わた毛に　ついて　いる　たねを、ふわふわと　とばすのです。

㊁この　ころに　なると、㋔それまで　たおれて　いた　花の　じくが、また　おき上がります。そうして、せのびを　するように、ぐんぐん　のびて　いきます。
なぜ、㋕こんな　ことを　するのでしょう。㋖それは、せいを　たかく　する　ほうが、わた毛に　風が　よく　当たって、たねを　とおくまで　とばす　ことが　できるからです。

（「たんぽぽの　ちえ」小二）


——線を付した語句は、すべて指示語です。いずれも文脈に即した指示のはたらきをしています。

「たんぽぽの　ちえ」は、二年生の教材ですが、これだけの部分に七つもの指示語が出てきますと、これらが指示している内容をよほどしっかりとらえていかないと、文脈に即した内容の読み取りが難しくなります。

これらの指示語を品詞でみていきますと、㋔と㋖は代名詞、他はすべて連体詞となります。それぞれの指示語が指している内容からみてみますと、ほとんどはその指示語の直前の一節あるいは一文の内容を受けています。

その中で、ちょっと注意したいのは、「㋒この」「㋔それ」という指示語です。

㋒は、㋑と㊁と同じ「この」ですが、指し示している内容は異なります。

㊁は明らかに時期を指していますが、㋑と㋒とは「このわた毛」となっていて、同じものを指しているようにみえますが、正しくは少し異なります。

(ウ)は「らっかさんのようになった」という内容を指し、(イ)は「花がかれたあとにできた白い」という内容を指しています。

また、(オ)の指示語も(エ)と同様に時期を指示していますが、この場合は、取りあえずすぐ上の「このころ」という時期を受けていると考えておいてよいでしょう。

ただ、「このころ」というのも具体的にはいつのことになるのか、これだけでははっきりしません。そこで、(エ)の「この」がいつの時期を指しているのかを考えなければならなくなります。

なお、(カ)の「こんな」という指示語も、直前の文の内容「せのびをするようにぐんぐんのびていく」を受けていることが分かります。

以上のように、短な一つの段落に一つないし二つの指示語が使用されています。

ですから、これらの指示語が指示している内容を正しくとらえようとしても、なかなか難しい作業となることでしょう。

もう一つ、文学的な文章の中で用いられている指示語の用法についてみておく必要があるでしょう。

運転席から取り出したのは、あの夏みかんです。まるで、あたたかい日の光をそのままそめつけたような見事な色でした。すっぱい、いいにおいが、風であたりに広がりました。

(「白いぼうし」小四)

この例文の中の「あの」という指示語の場合、先にみた説明文のように、指示する内容が直前にあるわけでありません。また、その意味するところもそれほど単純ではありません。「あの夏みかん」の「あの」には、〈すでに読者のみなさんがごぞんじの〉といった語り手の気持ちが込められているのです。

しかも、この夏みかんはただの夏みかんでなく、運転手の松井さんが「いなかのおふくろ」から「におい」まで送り届けてやろうと、「速達」で送ってもらった特別な夏みかんなのです。つまり、松井さんの「おふくろ」のそうした思いが込められた夏みかんであるということが強調されている「あの」なのです。

この事例のように、文学的文章の中で使用される指示語には、語り手の気持ちが反映されていることが多いのです。

ですから、文学的な文章で使用されている指示語の場合には、単にその指示語が指している内容をとらえるだけでなく、その言葉に込められた語り手の気持ちをもとらえていくことが必要となる場合があります。

【課題1】 説明文を読んで、そこに用いられている〈指示語〉が指している内容を正しく読み取っていきましょう。

【課題２】　文学的な文章を読んで、そこに用いられている〈指示語〉に込められている語り手の気持ちについて話し合ってみましょう。

五　漢語・和語・外来語

漢語とは、昔の中国からわたってきて日本語となったことば、あるいは、読み方だけを漢字の音で読み、ことばとしては日本で作ったもの（＝字音語）のことを指していいます。

漢語を品詞でみると、圧倒的に多いのは名詞です。この中には、「運動する」のように、「する」をつけて、動詞としても使われるものがあります。

この他には、「新鮮（な・に）」といった形容動詞や「元来」といった副詞にもみられます。

こうした漢語に対して、もとからの日本語を和語といいます。日常生活の中では、やはり、和語の占める率が高く、使用回数も多いです。

和語は、ほとんどの品詞にわたって存在しています。形容詞・接続詞・感動詞などは、ほとんどが和語です。

外来語とは、漢語のように、昔の中国から入ってきた外国語を除いて、諸外国から入ってきて日本語として使用されるようになったことばのことです。

外来語の中には、「ガソリンスタンド」のように、要素だけは英語ですが、語句そのものとしては日本で作られた和製外来語などもあります。

1 漢語と和語（中学一年）

まず、漢語と和語の使い分けによる表現上の効果に関する事例からみていきましょう。「赤い実」（中一）という教材では、登場人物である〈子ども〉の呼称が漢語で表記されているところと、和語で表記されているところとがあります。

具体例でみてみましょう。

(ア) 男の子供の一人が、女の子供たちの書き初めを棒で火中から取り出した。

(イ) 洪作は、自分の書き初めを火の中へ突っこんでいる少女を、尊敬の思いで眺めた。

(ウ) 自分（洪作……大内注）にこのような感動を与える文章を書き初めに書いた少女への賛嘆であり、賛美であった。

(エ) そのとき、洪作は川の流れの音に混じって、何人かの女生徒の声を聞いた。ふり返ってみると、赤い寒つばきの枝を手にした女の子供たちががけぶちの道を上がってくるのが見えた。

(オ) 幸夫は女の子の一団のほうへさけんだ。

(カ) 女の子供たちはすぐわなを取り巻いた。

(キ) 女の子供たちが顔を近づけてのぞきに来た。

(ク)　幸夫は女の子供たちの顔を見渡した。洪作もいっしょに一座の女生徒たちの顔を見回したが、だれもそれを受け取ろうとする者はなかった。
(ケ)　それはなんの前触れもなしに、いきなり一人の少女の口から出された激しい泣き声であった。
(コ)　洪作は学校でも、女生徒というものを今までとは少し違った目で見るようになった。

右の例文をよく観察すると、「女の子」と「女の子供たち」、そして「少女」と「女生徒」というように、和語と漢語とが場面によって使い分けられていることが分かります。「幸夫」が主語の場合や、事態が客観的に叙述されている場合は、「女の子」「女の子供たち」というように和語が使用されています。そして、「洪作」が主語の場合は、「少女」「女生徒」というように漢語が使用されています。

なお、(エ)の事例では、「洪作」が聴覚的に把握した場合が「女生徒」で、視覚的に把握した場合は「女の子供たち」となっています。

(ケ)の事例でも「洪作」が聴覚的に把握したので、「少女」というように漢語となっています。

こうした使い分けが「洪作」の意識に基づいて行われていることは明らかです。

(イ)と(ウ)では、「洪作」が自分より優れていると尊敬の思いで眺め、賛嘆し、賛美する人物としての「あき子」を指して、「少女」と表記しているのです。

(エ)と(ケ)の場合は、聴覚的に「あき子」が意識されていることが「女生徒」「少女」という漢語で表記されています。「あき子」は六年生で、「洪作」たちよりも年長でやや大人びており、そのことが「あき子」の声の響きからも聞き取れるという点が示唆されていると思われます。

この作品の末尾の一文(コ)では、「洪作」が「女の子」というものを今までとは少し違った目で見るようになったという事実が、「女生徒」という漢語によって示唆されているのです。

以上の観点は、この作品の中で、「洪作」の目を通してとらえられた世界や、「洪作」の「あき子」に対する気持ちの変化を読み取っていく上からも重要なものとなります。

なお、この「赤い実」という教材には、他にも漢語と和語とが巧みに使い分けられている箇所があります。

(ア) ひよどりは首を絞め木に押さえられ、小さい体を横倒しにして、無残なしかばねをさらしていた。

(イ) 洪作もすぐにそれを取り上げる気にはならないで、しばらく小さい生き物の死体を上から見下していた。

(ウ) あき子も息をつめたような表情で、ひよどりのむくろを見守っていた。

(エ) 世の中にこれほどやわらかい物体はないと思われるほど、それはやわらかく無力であった。

これらはいずれも、死んだひよどりを表現したことばです。(イ)と(エ)は漢語で、(ア)と(ウ)は和語で表記されています。両者の使い分けにどのような表現上の効果があらわれているでしょうか。

漢語の方の表記「死体」「物体」は、抽象化された観念的な感じで、現実感が稀薄です。

これに対して、「しかばね」「むくろ」という和語の表記は、いかにもひ弱なひよどりの死骸が転がっているという感じがあらわれています。リアリティが感じられるということです。

このように、漢語と和語では、表現効果の上から極めて大きな違いが生じます。したがって、その使用の仕方、特に類義語や重要と思われる語句の使い分けについては、十分に留意していく必要があります。

【課題】「赤い実」を読んで、〈漢語・和語〉を手がかりに登場人物の気持ちの変化について話し合ってみましょう。

2 外来語（中学二年）

外来語をむやみに使用することには問題も少なくありません。しかし、すでに日本語の一部になりきってしまっている外来語の場合は、これを適切に使用すれば、意外な表現効果を期待することができます。

具体例でみていきましょう。

「クロスプレー」（中二）という教材があります。題名自体がすでに外来語であり、珍しい作品といえるでしょう。

「クロスプレー」ということばは、外来語としてはまだなじみ深いものとはいえません。いきなりでは意味のつかめない生徒もいることでしょう。そのために、教科書では、「判定の難しいきわどいプレー」と真っ先に注がつけられています。

この作品には、子どもたちの草野球の審判を頼まれた若い警官の、審判としての立場を逸脱して奮闘するその行動がコミカルに描き出されています。

作品中に描き出されているのは、ほとんど野球の場面ですから、当然、「ユニホーム」「バット」「ボール」「グラブ」といった具合に、外来語である野球用語がたくさん使用されています。

なお、外来語は、野球用語の他にも「セールスマン」「トラブル」「パトロール」「ポンプ」「セーター」などのことばが出てきています。

さて、この作品のおもしろさは、まさしくこの「クロスプレー」という外来語にあります。このことばには一応注が付いているものの、その「きわどいプレー」としての内容は、話をほぼ最後まで読んでいかないとわからない仕組みとなっています。

「クロスプレー」という題名の意味する内容は、次のような場面に示されています。

僕はだいぶ興奮していたらしく、次のピッチャーゴロでホームを突いた。だれかが「戻れ、戻れ。」

と叫んだが、僕は全力疾走して滑りこんだ。キャッチャーのミットが僕の横っ面をたたいたとき、僕の手がホームベースにタッチした。そして、キャッチャーと僕はからみ合ったまま審判の声を待ったのだが、声がない。僕は警官を見上げた。彼は顔面を紅潮させて「ううっ。」と声を詰めていた。そして一瞬、間をおいてから、うなるように、

「アウトー。」

と言った。

「僕」のホームベースへの走塁は、明らかにアウトでした。しかし、この走塁は、一塁から二塁へ、そしてさらに三塁へという決死の盗塁に続くものでした。そして、審判である若い警官は、こうした試合運びにまで一々口を出していたのです。

「僕」のチームは、一点差を追っていたのです。警官としては、「僕」の走塁がセーフであってほしいと思いつつも、その無謀さに腹を立て、しかし、一方でその決死のプレーを好ましく思っていました。警官の心の中のそうした混乱がタッチアウトの判定を困難なものにしてしまったのでした。

実は、「僕」の走塁は明らかなアウトでした。判定が難しかったわけでもないのです。それを判定の難しいきわどいプレーに仕立ててしまったのは、他ならぬ審判をしていた警官なのでした。

その意味で、「クロスプレー」をしたのは、「僕」ではなくて、他ならぬ警官であったということなのです。

このようにみてきますと、「クロスプレー」という読者を煙にまくような外来語の題名は、実はこの話のおもしろさを象徴していることばであったのです。

この作品の末尾に出てくる「僕の初めの予想に近い形の、できる人」ということばは、ゲームの進行に思わず夢中になってしまったが、きわどいところで、警官という職業と同様に公正さを要求される審判としての任務を遂行し得た人、つまり、「クロスプレー」のできる人という意味が込められているのです。

ややなじみの薄い、意味の曖昧な外来語ですが、その点を逆に利用して、捨てがたい軽妙な味わいを作り出しているところを読み取っていくべきでしょう。

もちろん、この作品全編に使用されているおびただしい数の外来語もこうした軽妙な味わいをかもし出しているわけで、この点も含めて読み味わっていきたいものです。

【課題】「クロスプレー」を読んで、〈外来語〉を手がかりにこの話のおもしろさについて話し合ってみましょう。

六　慣用句（小学五・六年）

慣用句とは、二つ以上の語句がいつも強く結びついて使われているうちに、特別の意味を表すようになったことばづかいのことです。

「鼻がたかい」「腹がたつ」「骨がおれる」といったことばづかいです。

たとえば、「鼻がたかい」という慣用句の場合、「鼻」ということばと「たかい」ということばの意味だけからは出てこない新しい意味をつくり出しています。ですから、子どもにはその意味がとらえにくくなります。

しかも、このような表現は使い古されているだけに、うまく使用しないと月並みな感じを与えることになります。それでも、日本人の生活に深く根をおろしていることばづかいであるだけに、適切に使用されれば一定の表現効果をもたらすことになります。

「田中正造」（小六）という伝記文の中には、数多くの慣用句が使用されています。

・政府への質問演説に熱弁をふるっていた。
・正義と人道のために一身をささげつくして、……
・農民たちは貧苦の底にしずむようになったのだった。
・せめてこれから先は、正義をつらぬいて生きたいものだ。
・正造が、国会で火のような弁舌をふるって忠告したにもかかわらず、……
・動かぬしょうこを示して言葉するどく政府にせまった。
・鉱毒でよごれた水は、たちまち沿岸八十八の村々をおそい、目もあてられぬ有様となったのである。

・農民たちもようやく胸をなで下ろした。

・鉱毒地に目を注いでくれるよう人々にうったえたのだった。

・その文面を見て、正造は、はらわたのよじれる思いだった。

・たえにたえ、しのびにしのんできた農民たちのかんにんぶくろのおは、ついに切れた。

「田中正造」という伝記文の中に出てくる慣用句はまだまだあります。実に数多くの慣用句が出現してきます。

これを単純に、書き手が表現技巧を用いているとだけ見なすことは適当ではありません。鉱毒問題という特異な状況と、その問題に命がけで取り組んだ田中正造という人物の考え方や生き方を読者に正しく理解してもらうために、このような特別な表現が用いられているのです。

こうした慣用句が出てきた場合には、それが具体的な文脈の中でどのような目的や意図を表そうとしているかを検討しながら読んでいくことが必要となります。

【課題】「田中正造」という伝記文を読んで、その中に出てくる〈慣用句〉がどのような目的や意図の下で使用されているかについて話し合ってみましょう。

七　方言・俗語（小学三年）

方言とは、いうまでもなく一地域で使用されていることばのことであり、俗語とは、日常生活の中で使われることばのことです。それぞれ、共通語や標準語と対比されることばです。

普通は、日常会話の中で使用されることばですから、一般の文章の中で用いられることはあまり多くはありません。それだけに、これらのことばが文章中に出現すると、少なからぬ表現上の効果が得られます。

文章中に用いられる〈会話〉の表現には、人物のことばそのものを描き出すというはたらきがあります。それで会話文には、人物の性格や人柄があらわれてきます。この会話文の効果をいっそう高めるために、方言や俗語が会話文の中に使用されることが少なくありません。

文章中の会話文に使用される方言や俗語には、それらを使用する人物の性格や人柄はもちろん、その人物が住んでいる土地の暮らしの様子まで描き出されていることがあります。

また、会話文は本来、語り手が作中人物のセリフを引用したものですから、そのことばには作中に潜んでいる語り手という人物が姿をあらわしてくることになります。

普通、語り手という人物は話の表面に登場することはほとんどありません。しかし、会話文に方言や俗語が使用されますと、そのことばを発している作中人物に重なるようにして語り手がその地域の人物の姿であらわれてくることがあります。

実際の例を、「かさこ地ぞう」（小二）でみてみましょう。

「おお、お気のどくにな。さぞ　つめたかろうのう。」

じいさまは、地ぞうさまの　おつむの　雪を　かきおとしました。

「こっちの　地ぞうさまは、ほおべたに　しみを　こさえて。それから、この　地ぞうさまは　どうじゃ。はなから　つららを　下げて　ござらっしゃる。」

じいさまは、ぬれて　つめたい　地ぞうさまの　かたやら　せなやらを　なでました。

「そうじゃ。この　かさこを　かぶって　くだされ。」

会話の中の——線部分が方言です。これらのことばの中には、俗語も混じっているとみることができます。これらの方言や俗語から、この「じいさま」の人柄や、こうした人物が住んでいる地域の人々の生活の温もりを感じ取ることもできるでしょう。

【課題】「かさこ地ぞう」を読んで、その中に出てくる〈方言〉や〈俗語〉から登場人物の人柄や性格、その地域の人々の生活の様子について話し合ってみましょう。

八　品詞――副詞・数詞・助詞――

1　副詞（小学六年）

副詞とは、主に動詞や形容詞・形容動詞などの意味を詳しくする修飾語としてのはたらきをもつ品詞のことです。

副詞は、そのはたらきから、①ものの性質・状態について修飾するもの、②ものの性質・状態の程度を示すもの、③語り手の姿勢や態度をよりはっきりと示すもの、とに分けることができます。ただ、実際には、二つのはたらきを兼ね備えているものもあるので、このように厳密には分けられない場合もあります。

なお、〈表現技法〉の中の声喩（オノマトペー＝擬声語・擬態語）なども、右の①に含まれます。この声喩などを含めて、①には、描写的なはたらきがあります。

「せんこう花火」（小六）という説明文があります。

この説明文は、随想的な味わい深い文章となっています。その味わい深さは、書き手の科学者らしい緻密な観察を支えている表現上の特質にあるとみることができます。

その中の最も顕著な特質として、数多くの副詞の使用をあげることができます。

実際の例をみてみましょう。

(ア)　せんこう花火の一本を取って、まず、その先に火をつける。火はすぐ紙に燃え移って、ぷすぷすといぶりだす。
(イ)　火の玉は、初めは静かに燃え続けているが、やがて細かくふるえだす。そのころに、火の玉をよく注意して見ると、全体がぐつぐつとにえたっていて、何か目に見えぬくらいの小さいものが、ほとばしり出ているように感じられる。
(ウ)　ちんもくがしばらく続く。すると、とつぜん、火花の発射が始まる。
(エ)　まつ葉火花は、シュッという音とともに、一発発射される。
(オ)　せんこう花火は、火花の反動で、ぶるぶるふるえる。
(カ)　やがて、その火花の間合いが少し長くなってくる。勢いもやや弱ってくる。
(キ)　まつ葉火花がだんだん出なくなると、ちょっと、ひと休みしたかたちで、今度は、「散りぎく」の花弁のようなやさしい短い火花が、はらはらと散ってくる。
(ク)　これが済むと、火花のエネルギーをはきつくした火の玉は、力なくぽとりと落ちる。

このように、至るところに副詞が使用されています。
(ア)から(ク)までは、せんこう花火に火をつけてから、それが燃え落ちるまでの微妙な様子が細かな観察のもとに実に生き生きと描き出されています。
文章全体は説明文でありながら、これら一つひとつの文は、いわゆる描写の表現の機能を含んでいるといえます。この描写性をもたらしているのは、観察事実のそのままの記述と、「ぷすぷす」「ぐつぐつ」「シュッ」「ぶるぶる」「はらはら」「ぽとり」といった声喩（オノマトペー）としての副詞の使用によっています。

また、「すぐ」「やがて」「しばらく」「とつぜん」「ちょっと」といった副詞も、いわば動作の状態を描いているわけで、描写的な機能を帯びていることが分かります。

これらの表現の中には、明らかに書き手のせんこう花火を観察する目、いわばものの見方が存在するとみることができます。

ところで、次の事例をみてください。

外国にも、花火はたくさんある。このごろ、おもちゃ屋の店先で売っているいろいろな花火は、ほとんど外国流の花火で、そのすみに、おとなしくつつましやかに転がっている小さいせんこう花火だけが、日本独特の花火なのだ。外国流――もちろん、中国で発明されたものをふくめて――の花火には、例えば電気花火などのように、火をつけるとすぐにまばゆい光を出し、ぼうぼうと燃え続け、その間に、初めから終わりまで、光の強い火花をたくさん出し続けるものとか、火の玉をぽうんと空高く打ち上げるものとか、はなばなしい花火がいろいろある。それらの花火に比べると、せんこう花火は、いかにもつつましく、光も弱く、みすぼらしく見える。しかし、電気花火などは、ただまぶしい光の火花をたくさん出すというだけで、まつ葉火花のような不思議なばく発も起こさないし、散りぎくのようなやさしさもない。

右の文章の中の——線を付したことばは、先にみた副詞と同様のはたらきをもったものです。ここで注意してほしいのは、□で囲んだ副詞です。これらの副詞は、いずれも筆者の姿勢・態度をよりはっきりと示しているものです。このような副詞がまとまってこれだけたくさん出現している部分は、この「せんこう花火」という文章では他にありません。

要するに、この部分には、書き手の花火観が示されているのです。外国流の花火と日本のせんこう花火とを比べて、せんこう花火の特色について、書き手の価値評価を含めて述べているのです。先にみた部分に書き手のものの見方があらわれているとすれば、この部分には書き手のものの考え方が示されているのです。

【課題】「せんこう花火」という文章を読んで、文章中に使用されている〈副詞〉を手がかりに筆者の花火に対する見方や考え方について話し合ってみましょう。

2　数詞（小学五年）

数詞とは、名詞の一種で、ものの数量や順序を表すことばのことです。

数詞が最もよく使用されるのは科学的な文章においてです。科学的な文章では、ものごとを具体的・

実証的に表すことが大切になります。この具体性・実証性を保証するのが数詞の表現ということになります。

具体的な事例でみていきましょう。

次の事例は、「天気を予想する」（小五）という説明文の中に用いられている数詞です。

(ア) 一九七〇年代には八十パーセントに満たなかった的中率がだんだん高くなり、二〇〇〇年を過ぎると、十五パーセント以上になったことが分かります。

(イ) 二〇一二年現在、日本では、約千三百か所にアメダスの観測装置が設けられ、その地点の降水量を常に測定しています。

このうち約八百四十か所では、気温・風向・風速なども観測します。

(ウ) また、全国二十か所に設置されている気象レーダーは、半径三百キロメートル内の雨雲の分布を電波で調べています。

(エ) 二〇一二年現在、気球による観測は、世界約九百か所で同時刻に行われています。

(オ) また、赤道上空約三万六千キロメートルから、十機ほどの静止気象衛星が、地球をおおっている雲を広いはんいでうつし出しています。

(カ) 上のグラフは、全国で、一時間に五十ミリメートル以上の雨が観測された回数を表したものです。

(キ)　二〇〇一年からの十年間では、平均して年に二百回以上も発生していることが分かります。

この文章では、このように実に数多くの数詞が使用されています。これらの数詞の一つひとつは、明らかに一種の〈説明〉の表現として用いられていることがわかります。

(ア)では、天気予報の的中率の五年ごとの推移を説明しています。(イ)・(ウ)では、科学技術の進歩について説明しています。(エ)・(オ)では、気球による観測の国際的な協力について説明しています。(カ)・(キ)では、一時間に五十ミリメートル以上の雨が観測された回数の水位について説明しています。

この文章では、右のような数値そのものが科学技術の進歩による天気予報の的中率の向上を的確に表しています。また、科学的な技術の進歩にもかかわらず、天気の予想を難しくしている突発的な天気の変化についても説明しています。

以上の事例からも、説明文などの科学的な文章には、数詞を用いた具体的・実証的な記述が不可欠であることが理解できるでしょう。

【課題】「天気を予想する」という文章を読んで、文章中に使用されている〈数詞〉を手がかりに気象観測のための科学の進歩について話し合ってみましょう。

3　助詞――格助詞「が」と副助詞「は」――（中学一・二年）

助詞は付属語ですが、語尾とはちがって比較的独立した性格をもっていて、文章表現の上からは大変重要な役割を果たします。

ここでは､主語を示す格助詞「が」と副助詞「は」の使い分けが文章の中心的な内容に深くかかわっている場合についてみておくことにします。

「くるみ割り」（中二）という作品では、話のクライマックスにおいて〈くるみがきれいに割れたことで、少年の「ぼく」が「桂さん」を〈新しい母として受け入れる〉という決意をする経緯が述べられています。〈くるみがきれいに割れた〉ことが少年の心のわだかまりを解き、新しい母を受け入れる決心を象徴するかたちで筋立てがなされているのです。

しかし、読者には〈くるみが割れたこと〉がなぜ〈少年の決心〉に結びついているのかをすんなりとは理解できないでしょう。実は、この両者を結び付ける必然的な根拠を、主語を示す「が」と「は」の役割の違いから説明できるのです。

では、この作品の中で、「くるみ」が主語としてどのように書き表されているかをみてみましょう。

本文の中では、「ぼく」が最初に「くるみ」を割ろうとして割ることができなかった第四の場面と、きれいに割ることができた第六の場面とで、主語としての「くるみ」の書き表し方が次のように異なっていることがわかります。

第四の場面……くるみが三つ四つ。卓から床へ落ちた。
第六の場面……すると、カチンと、快い音がして、くるみは二つにきれいに割れた。

第四の場面の文は、現象文と呼ばれているものです。現象文とは、書き手の主観を交えないで現象をありのままに書き表している文のことです。ですから、右の文では、〈くるみがたまたま卓から落ちた〉という客観的な事実をありのままに描いているだけとなります。

このような書き表し方は、この時の「ぼく」にとってはまだ、「くるみ」が「縁のないもの」でしかなく、「ナットクラッカー」も「冷たい」ものでしかなかったという叙述内容から必然的に出てきていると判断されます。つまり、この時点では、「ぼく」にとって「くるみ」がなんら興味・関心の対象とはなっていないという事実を意味しています。

ところが、第六の場面の文は、判断文と呼ばれているものです。判断文とは、起こっている事態に対して何らかの主観的な判断を加えて書き表している文のことです。すでに「くるみ」が既知のものであることもあって、「くるみ」そのものにスポットをあてて、それが「きれいに」割れたと判断を加えて書き表しています。

ここでは、さらにこの文の一文後に、「そのとき、ぼくは言った。」という文が置かれていて、「くるみは」と「ぼくは」の両者が呼応し合っています。つまり、この時すでに、「ぼく」の心は「くるみ」と一体化されているように書き表されているのです。

「ぼく」の心の殻を最終的に打ち破ったのが〈胸のすくような感触で快く割れたくるみ〉であったということになっているのです。

ちなみに、たまたま不意に浮かんできた「桂さんの面影」に「ちょっと慌て」て、「困って」くるみを手にするまでの「ぼく」の心の動きは、親子三人水入らずの様子や、父の姿を客観的に見つめているという事実として書き表されています。

つまり、ここでは、次のように「が」によって現象文として書き表されているのです。

・親戚の人が帰ってしまうと、父の書斎に、親子三人が久しぶりに卓を囲んでいた。
・父が、姉に言った。
・父が、優しくぼくに言った。父の顔が、老けて見えた。

このように、「ぼく」が自分たち家族三人と父の姿とを冷静に客観的に見つめられるようになったということは、「ぼく」の心にある変化（＝少年の心の成長）が起こってきていることを暗示していると読み取ることができます。

なお、この他の場面では、父の姿を「父が……」という形で客観的に描き出している文はたった一箇所（それも条件節で）を除いて全く出てきていません。ただ、第五の場面で、「姉が……」いう形で姉の姿を客観的にとらえられるようになった「ぼく」の心の変化が描き出されている部分はあります。

つまり、「ぼく」は、姉から父へという順に家族を客観的に見つめられるようになっていくのです。

以上みてきた事例は、「が」と「は」という助詞の使い分けが、文章全体の中心的な内容と深く関わっている場合です。このような部分に注意して読んでいくことは、文章の内容面と形式面とを一体的にとらえていくことになります。

【課題】「くるみ割り」を読んで、「が」と「は」という二つの助詞の用いられ方を手がかりに、「ぼく」の心の成長していく姿について話し合ってみましょう。

V 句読法・表記法の役割を理解させる教材

一 句読法——句読点・ダッシュ・リーダー——

句読法（Punctuation）とは、句読点（。）・（、）や、ダッシュ（——）、リーダー（……）、感嘆符（！）、疑問符（?）などの使い方・用法のことです。

1 句読点（小学六年）

杉みき子の作品には、句読法に関して大変興味深い工夫がみられます。まず、句読点の用法に関してみてみましょう。

「小さな旅」（小六）という教材は、少年が吹雪の中を山あいの村に住む祖父のところへ届け物をする話です。この文章は、全体的に、一文一文、あるいは一句一句が小刻みに区切られていて、歯切れのよい感じをもたらしています。

次のように使われています。

だれも通らない。木がうなっている。風がさっきよりはげしくなった。右を向けば右から、左を向けば左から、砂つぶてのような雪がぶつかってくる。長ぐつのくるぶしを埋めるほどの雪が半ば凍っていて歩きにくい。ナップザックのひもが肩にくいこむ。風が帽子をもぎとる。どこをかばったらいいのかわからない。ただ、足もとだけを見つめて歩く。

このように、一文一文、一句一句が小刻みに区切られているということは、句点と句点、句点と読点、読点と読点との間が短くなっているということです。

句読点をこのように用いることで、少年が吹雪の中を息も絶え絶えに歩いている感じを表しているのです。少年の心の中の不安や恐怖感、危機感が読者の胸にも響いてきます。

句読点の使い方がこうしたリズムを生み出しているといえるのです。

「あの坂を上れば」（中二）という教材でも、ほぼ同様の事実を見出すことができます。少年が一歩また一歩、「あの坂を上れば」と、息も絶え絶えに山道を上っていく感じ、いわば少年の息づかいが聞こえてくるような感じが、短な一文一文、一句一句、つまり句点や読点の多用によって表されているのです。

2　ダッシュ（——）（中学一年）

同じ杉みき子の「夜の果物屋」（中一）という教材では、会話文を「　」でなく、——（ダッシュ）で表しています。

心内語（内話、内言）の部分を「　」でなく、——によって表すことはそう珍しいことではありません。しかし、ここでは、明らかに声に出している会話の部分をも——で表しているのです。

着物には、いわゆる〈図柄〉の部分とそれ以外の部分とがあります。図柄以外の部分を〈素地〉といいます。

文章の中にも、この図柄と素地に当たるものがあります。白い紙の部分が素地に当たります。これに対して、文字の部分は紙の白い部分の中で浮き上がって見えますから図柄になります。

こうした考え方を適用して、文章の中の地の文を〈素地〉と考えれば、「　」書きの会話文は素地の中に浮き上がって見える〈図柄〉に相当するということができます。

この「　」書きで表すべき会話の部分を——書きで表すと、会話文全体が自ずと地の文に溶け込んで、感じとしては目立たない沈んだものとなります。

「夜の果物屋」という教材には、ダッシュ符合（——）で書き表されている会話表現が十　箇所あります。これらのうち、

——おや、今日は何かあったのかしら。

——果物、ここで買って行こうかしら。

という二箇所は、いわゆる心内語です。あとの九箇所は、全て普通の発話の場合の会話文に使用されています。例えば、

——おや、ここはずいぶん遅くまでやっているんだな。

——うん。毎日、ここが明るいから、とても助かるの。

といった具合です。会話表現にこのような形で、——を使用することは、とても異例なことです。読者は、この書き表し方が変わっていることにすぐ気づくはずです。

そこで、「　」で表した会話表現と比べてみましょう。両者の書き表し方にはどんな違いがあるのでしょうか。

「　」で括らない方が、つぶやきのような、しみじみとしたふんいきが出ていて、会話を交わす人どうしの心が通い合っているような感じがしないでしょうか。

ダッシュ（——）による会話表現が地の文との調和から、あたかも音声を抑えたつぶやきのような、際立たせない効果をもたらしている事例といえるでしょう。

3　リーダー（……）（中学一年）

「鼓くらべ」（中一）という教材には、空白符号としてのリーダー（……）が数多く使用されています。これらのリーダーが使用されている箇所をよく調べてみますと、それらが物語の内容と大変密接に関係していることが分かります。

文章の中には、たまに一行空きの箇所や一マス空きの箇所を見出すことがあります。これらの箇所は、読者に次の展開に対するある種の期待をかき立てる効果をもたらします。

しかし、このような空白の表し方は、同じ空白符号であるリーダーやダッシュとはやや質を異にしているようです。一行空きや一マス空きは、いわば〈素地〉の一部分ですが、リーダーやダッシュの場合は、その部分が浮き上がって見えますから、やはり一種の〈図柄〉という性格を持ってきます。

したがって、リーダーやダッシュは、登場人物の感情を増幅して表現するといった役割を果たしている場合もあるのです。

「鼓くらべ」の場合でみてみましょう。

「鼓くらべ」にたくさん出てくるリーダー（……）は、一見すると無造作に使用されているように見えます。しかし、よく調べてみますと、それらの一つひとつにはある種の感情を抑制する効果の他に、登場人物（お留伊や老人）のその時々における気持ちを増幅していく効果がかもし出されていることがわかります。

……市之丞は、ある夜自分で、鼓を持つほうの腕を折り、生きているかぎり鼓は持たぬとちかって、どこともなく去ったと申します……私は、その話を聞いたときにこう思いました。

この部分は、老人がお留伊に自らの芸術観を語り、彼女に芸術というものに対する真実の開眼を願う下りです。ここのリーダー（……）は、その音のない音による聴覚に訴える効果によって、老人の諄々と教え諭す、それでいて少しも押しつけがましくない温和な声音《こわね》を表しているとみることができるでしょう。

音楽は人の世で最も美しいものでございます。老人の声が再び耳によみがえってきた。……お留伊の右手がはたと止まった。

このリーダー（……）の空白部分には、お留伊の悟りにも似た深い芸術開眼の決定的瞬間が強く表されているとみることができないでしょうか。

これまでみてきたように、〈くぎり符合〉の用法としての句読法には、単にその部分の表記の形式ということにとどまらず、文章全体の叙述内容と深く関わっていることが理解できると思います。

【課題1】「小さな旅」「夜の果物屋」を読んで、〈句読点〉や〈ダッシュ〉の用法について話し合ってみましょう。

【課題2】「鼓くらべ」を読んで、〈リーダー〉の用法について話し合ってみましょう。

二　表記法——漢字・ひらがな・カタカナ——（小学三年～六年）

表記法とは、先に見てきた区切り符合としての句読法とは異なり、漢字・ひらがな・カタカナなどの文字体系の用法です。

文字体系としての表記法も、先の句読法の場合と同様に、単なる形式の問題ではなく、表現の問題であることはいうまでもありません。

ですから、表記法にも書き手の表現への意識があらわれていることに注意していかなければならないのです。

では、漢字・ひらがな・カタカナの三種類の表記法について、具体的な事例に基づいてみていくことにしましょう。

安西冬衛の詩に、よく知られた「春」という一行詩があります。

　てふてふが一匹韃靼海峡を渡って行った

この詩では、「韃靼海峡」という見なれない、難しい漢字表記の語句が使用されています。一方、「てふてふ」というひらがな表記の語句も使用されています。しかも、「てふてふ」は「ちょうちょう」の歴史的かなづかいです。漢字で書けば「蝶々」となります。

「韃靼海峡」という難しい語句をあえて漢字で表記するのであれば、「蝶々」という漢字を使用してもよいはずです。しかし、この詩では「てふてふ」という歴史的かなづかいで表記されています。

これら「韃靼海峡」と「てふてふ」というの二つの表記上の違いは、小さな体でひらひらと頼りな気に飛んでいく「ちょうちょう」と大きな海峡との対照的な様子を対比的に描き出すという効果をもたらしています。

まど・みちおには、「イナゴ」という詩があります。この詩の三連目に、次のような叙述があります。

ああ　強い生きものと
よわい生きもののあいだを
川のように流れる
イネのにおい！

この詩では、自然界における強者と弱者との悲しい関係がうたわれています。「強い生きもの」と「よわい生きもの」という語句がそのことを端的に表しています。

ここで注意しなければならないのは、「強い」という漢字表記と「よわい」というひらがな表記の使い分けです。対照的な意味をもつ二つの語句をいっそう強調して表すために、あえてこのような表記上の区別を行っているのです。

参考までに一つの解釈を述べておけば、「強い生きもの」は人間であり、「よわい生きもの」はイナゴのことです。この両者の間を「イネのにおい」が「川のように流れ」ているというのです。

両者は一見するとお互いに隔てられていて敵対するもののように見えます。しかし、両者の間に流れているのは、「川」ではなく「イネのにおい」なのです。そして、これらの生きものはどちらも「イネ」を食べて生きているのです。ですから、これらの生きものは本当は決して隔てられているのではないのです。

このように考えますと、一行目の「ああ」という感嘆詞と最後の行「イネのにおい！」の「！」などを踏まえて、ここから生物界における宿命・掟というものに対する作者の思いを読み取ることができるでしょう。

次に掲げるのは、北原白秋の詩「海雀」（小五）です。

海《うみ》雀《すずめ》　北原白秋

海雀、海雀、

銀の点点、海雀、
波ゆりくればゆりあげて、
波ひきゆけばかげうする、
海雀、海雀、
銀の点点、海雀。

この詩は、象形文字としての漢字の性質を巧みに生かしています。波の上を群れ飛んでいる「海雀」の様子が、文字どおりに詩のあちこちに配された〈海雀〉という漢字表記によって、視覚的に描き出されていることが分かります。

「銀の点点」という語句が「海雀、海雀」という繰り返しの漢字表記に響き合っていることも興味深いところです。さらに、「波ゆりくれば」と「波ひきゆけば」の二行を中間に配置することで、いかにも波の間を群れ飛ぶ海雀の様子をほうふつとさせる効果をもたらしています。漢字表記が「海雀」の群れ飛ぶ情景描写に大きな効果をもたらしている一事例です。

「大人になれなかった弟たちに……」（中一）という教材があります。絵本を教材化したものです。内容は、「僕」という人物が、太平洋戦争の最中に生まれた「ヒロユキ」いう弟の死を語っていく話となっています。弟は、生まれて間もなくやせ細った体のまま栄養失調で死んでいきます。

題名が暗示しているように、いわば戦争の犠牲者として死んでいった小さな子どもたちは当時無数にいたはずです。「僕」の弟は一人でしたが、題名に「弟たち」とあるのは、この戦争の犠牲者であった小さな子どもたちのことを意味しているのでしょう。

実は、「僕」の弟の名前が「ヒロユキ」とカタカナ表記で表されていることもこのこととかかわっていると考えられます。戦争中は、生まれてきた子どもの名前をカタカナで命名することは有り得なかったはずです。カタカナは敵国のことばとみなされていたからです。

ですから、「ヒロユキ」というカタカナ書きの名前には、何かしら意図が隠されていると考えるべきです。

戦争の悲惨さは、生まれて間もない小さな子どもたちまで容赦なく巻き添えにしてしまうところにあります。戦争中は、「おとなになれなかった弟」である「ヒロユキ」のような子が数多くいたのです。つまり、「ヒロユキ」というカタカナ表記は、「僕」の弟も含めた数多くの戦争の犠牲者である幼子たちの代名詞としての用法なのです。

【課題】 漢字・ひらがな・カタカナなどの〈表記法〉が効果的に使用されている教材を探して、その効果について話し合ってみましょう。

Ⅵ　さし絵・写真・図表の役割を理解させる教材

ほとんどの国語科の教科書教材には、さし絵や写真、図表などの映像が使用されています。これらの映像は、いずれの場合でも単に〈読み〉の理解を助けるものであるというだけでは積極的な意味をもつことにはなりません。映像は、明らかに一つの表現手段ですから、文章の中で使用される際には、やはりそこに何らかの意味でことばとの関係が生じてくるものと考えられます。そうした関係を映像から読み取っていくことができれば、映像から単に文章内容の理解を補助するものという以上の意義を取り出すことができるでしょう。

一　さし絵（小学四年）

文学的な文章によく使用され、説明的な文章でも時々使用されることのあるさし絵は、多くの場合、写真や図表ほど詳しい映像ではないといえるでしょう。

さし絵は、写真や図表と違って特定の事柄や内容を中心に描き出すことが多いのです。つまり、さし絵は、写真と比べると写真よりもさらに実物から遠ざかることになります。省略されている部分が多くなるのです。

ということは、その分、さし絵にはこれを見る者にとって写真よりもより多くの想像の余地が残されているということになります。

ただ、これはあくまでも写真との比較の上でのことであり、場合によっては不都合なさし絵が逆に想像の余地を狭めてしまうということもあるでしょう。

では、このさし絵の用いられ方を具体例に即してみていくことにしましょう。

「かさこ地ぞう」（小二）では、次に掲げるようなさし絵が使用されています。

このさし絵は、じいさまがふぶきの中の六人の地ぞうさまに笠をかぶせてやっている絵です。この絵は、見たところ本文に叙述されている内容以上のことを描いているわけではありません。

参考までに、このさし絵に対応する本文をみてみると、次のような事柄が述べられています。

・村の外れの野っ原
・ひどいふぶき
・道ばたの六人の地ぞうさま
・おどうも木のかげもない、ふきっさらしの野っ原
・地ぞうさまは、かたがわだけ雪にうもれている
・じいさまが地ぞうさまのおつむの雪をかきおとす
・ほおべたにしみをこさえた地ぞうさま
・はなからつららを下げた地ぞうさま
・じいさまは、ぬれてつめたい地ぞうさまのかたやせなをなでてやる
・じいさまが売りもののかさを地ぞうさまにかぶせて、風でとばぬようにしっかりあごのところでむすんでやる
・かさが一つ足りないので、じいさまは、自分のつぎはぎの手ぬぐいをかぶせてやる

こうした事柄は、内容の上からはさし絵以上のことを述べていることになります。たとえば、右のさし絵からは、地ぞうさまがほおべたにしみをつけていたり、はなからつららを下げていることはわかりません。じいさまが地ぞうさまのかたやせなかをなでてやっている様子も描か

れてはいないのです。

となると、このさし絵は一体どんな役割を果たしているのか、ということになります。

このさし絵には、ふきっさらしの野っ原で、ひどいふぶきの中をじいさまがせっせとかさや手ぬぐいを地ぞうさまにかぶせている様子だけが描かれています。

このさし絵から読み取れる情報の上だけで比較するなら、量的には明らかに本文の方が多いのです。つまり、情報の量からみていくと、このさし絵は意味をもたないことになってしまうのです。

このようなさし絵が意味をもつことがあるとすれば、それは絵が本文に表現されている内容に働きかけ、さらに、本文の内容も絵に働きかけて、読者に相乗的な表現効果を与えるという点においてです。

そこで、こうした点からこのさし絵のもつ意味について考えてみましょう。

本文から読み取れる情報としては、大きく二つに分けることができます。

一つは、地ぞうさまの置かれている状況がいかにも寒く冷たそうであること。もう一つは、じいさまの言動から、このじいさまが本当に人の良い、やさしい人物であるということです。

しかし、昔話とはいえ、実際に、ほおにしみをこさえたり、はなからつららを下げて冷たそうにしている地ぞうさまと、その地ぞうさまに自分の大切なかさをかぶせているじいさまの様子とを想像することはそれほど簡単なことではないでしょう。

そこで、吹雪の中に動かないでじっと立っている地ぞうさまの姿を描いたさし絵が右のようなことを想像する手助けになっていくと考えられます。

さし絵は、情報としては本文ほどに多くのことを表しているわけではありませんが、本文だけでは表現し得ない側面、特に読み手の想像の助けをかりなければ表現し得ない側面に関して、効果的な役割を果たしていると考えることができます。

【課題】「かさこ地ぞう」を読んで、〈さし絵〉からどのようなことが分かるかを話し合ってみましょう。

二　写真（小学五年）

「天気を予想する」（小五）という教材では、全体で写真が八枚、図表が三枚使用されています。これらの写真や図表は、ことばでは簡単に説明しにくい部分を説明し、象徴的な意味をも表現する役割を果たしています。

この教材で、最初に使用されている二枚の写真は、天気予報の「的中率」の向上を支えている理由である「科学技術の進歩」を表しています。一枚は、全国で「約千三百か所」に設けられている「アメダスの観測装置」で、もう一枚が「全国二十か所」に設置されている「気象レーダー」です。

次に使用されている二枚の写真は、「国際的な協力」による国境をこえた「地球全体の大気の様子」

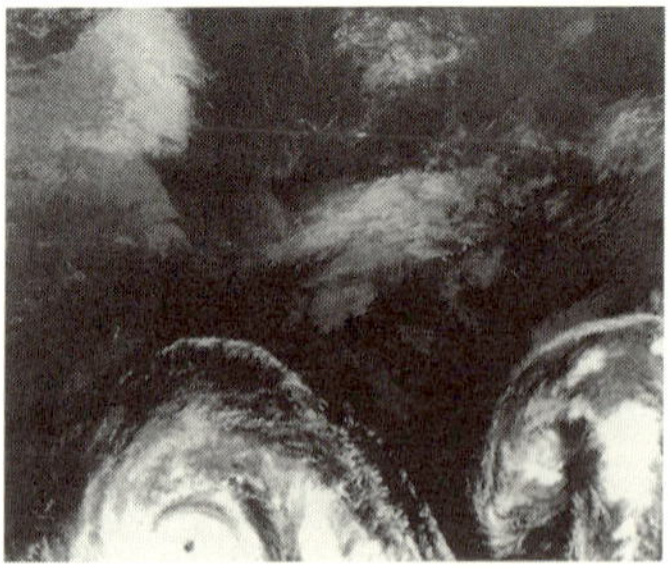
静止気象衛星からの写真

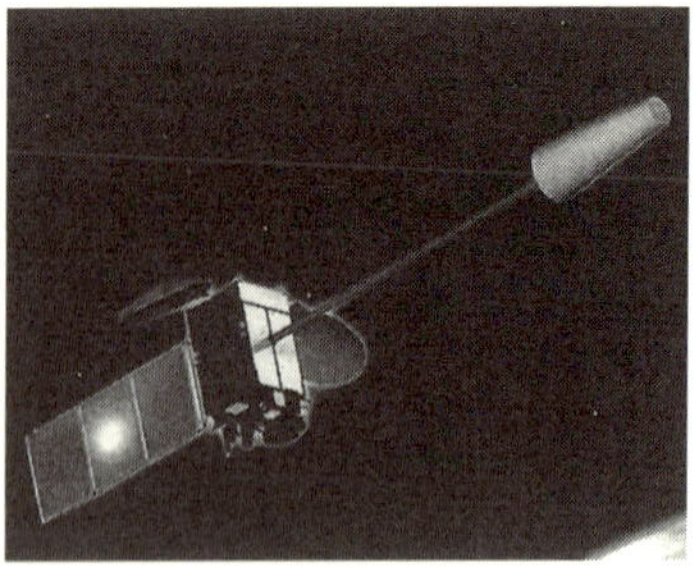
静止気象衛星

を知るための「静止気象衛星」の写真と、その衛星から送られた日本上空の気象の動きを撮した「写真」です。

これらの写真は、共に「科学技術の進歩」による気象観測の手段と成果を表しています。

そのうち、最初に使用されている二枚の写真は、地上に設置された装置で直接目にすることができます。しかし、次の二枚の写真は、日常目にすることのできない気象観測の成果を表しているものです。

いずれの写真も、天気予報の「的中率」の向上が「科学技術の進歩」による観測装置からの多くの情報に基づいて果たされていることを説明しています。

こうした説明は、やはりことばだけでは限界があるといえるでしょう。

また、五枚目に使用されている写真は、「山をはさんで、向こう側とこちら側で天気がちがう様子」を表しているものです。

これは、天気の予報を難しくしている要因の一つとして「局地的な天気の変化」を肉眼で視覚的に表しているものです。この写真からは、「山を一つこえただけで天気がことなること」がひと目でわかります。

こうしたことは、ことばだけでの説明ではなかなか困難であるといえるでしょう。

【課題】「天気を予想する」という文章を読んで、使用されている〈写真〉からどのようなことが分かるか話し合ってみましょう。

三　図表（小学五年）

「ねむりについて」（小五）という教材には、四種類の図表が使用されています。

〈第一図〉は、人間の「ねむりの長さ」の違いを年齢別に示したものです。本文の説明では、「赤ん坊」の場合と「五才の子ども」「小学生」「二十才ぐらいの青年」の場合のそれぞれの睡眠時間にふれ、その上で、「ねむり」が「人間の発育と深い関係があること」が述べられています。

この説明の中で、〈第一図〉の右下がりの曲線のもつ意味に当てはまる部分が「人間の発育」について述べているところです。

しかし、この説明だけでは、この図の曲線の意味の説明としては不十分です。このことは、書き手が図表を示すことでことばによる説明に代えたこと

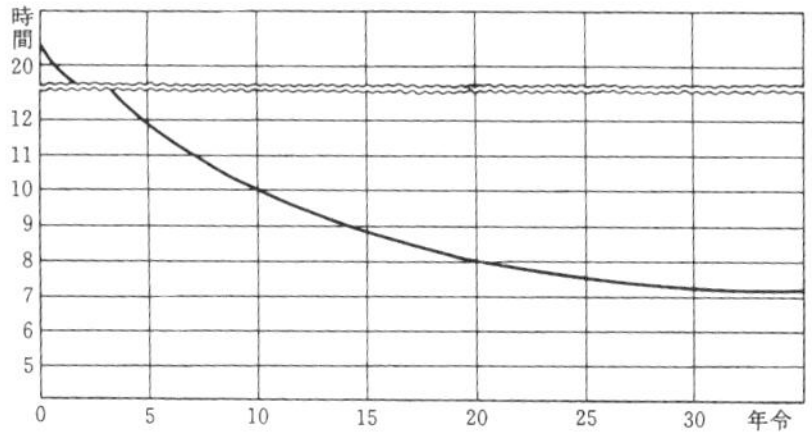

第一図

を示しています。

〈第二図〉は、「脳波で測ったねむりの深さ」の推移を示したものです。

本文では、この図に関して、「ねむってから間もなく、深いねむり」になり、「ねむり始めてから九十分ぐらい」すると、また「深いねむり」に入ること、そして、「深いねむりをひとばんに四、五回くり返し、八時間ぐらいたつと目が覚める」ということが説明されています。

この説明を図と比べてみると、もっと詳しく説明できる部分があることが分かります。つまり、その部分は、図で各自が確かめればよいことなのです。

たとえば、「ねむってから間もなく」という時間、「だんだん浅いねむりになり」という時間などは、具体的に明らかにすることができるでしょう。

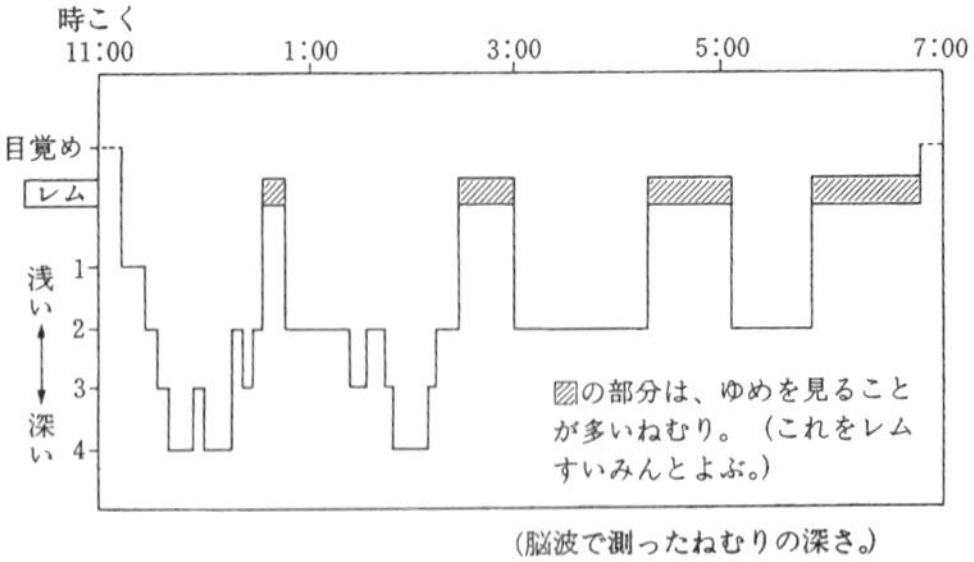

第二図　「脳波で測ったねむりの深さ」の推移

また、睡眠時間が経つほど、深いねむりと浅いねむりとの間隔が短くなってくること、「レムすいみん」の時間も長くなってくることなどを説明することもできるのです。

【課題】「ねむりについて」という文章を読んで、使用されている〈図表〉の役割について話し合ってみましょう。

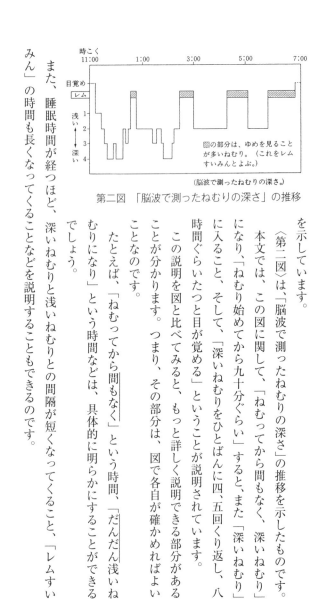

Ⅶ　文章の構成・筋を理解させる教材

一　構成・筋（プロット）

文章における構成という用語は、文章の種類に応じた組立の型といった意味で用いられています。また、〈構成する〉というように、文章を書くための基本的な手続きも意味してきました。構成形式といった用例からも分かるように、構成という用語は文章の内容面よりは形式面を指して用いられることが多いのです。

この点については、後で学習していきますが、筋（プロット）という用語とは区別されるところです。筋は文学の文章にしか存在しません。しかし、構成は文学・非文学のいずれにも存在します。

文章構成の組立の型には、主なものに三段構成と四段構成とがあります。

三段構成は、文章全体が始め・なか・終わりという三つの部分を備えたものです。論証文では序論・本論・結論と呼ばれ、物語文では発端・展開・結末などと呼ばれています。三段構成はとても単純な型ですが、最も整った基本的な型ともいえます。

四段構成は三段構成から発展あるいは変型したものとみなせます。よく知られている型が起・承・転・結です。

この他にも、文章構成の組立の型にはさまざまな種類があります。

二　額縁構成（中学二年）

まず、文学的な文章の中に時々みられる額縁構成という種類について、実際の作品を取り上げながら理解を深めていきましょう。

額縁構成でよく知られた教材に「少年の日の思い出」、「わらぐつの中の神様」などがあります。

ここで取り上げるのは、「くるみ割り――ある少年に――」（中二）という教材です。

次のような話です。

病弱な母と父と姉と四人で暮らす小学生の主人公。

母は、少年が小学校三年生の春にちょっとした風邪がもとで床に就き、三年間寝たきりになっていた。父は、母への想いを胸に秘めて献身的に看病に当たっていた。

父は母の看護の合間に書斎で本を読みながら、くるみ割り（ナットクラッカー）で割ったくるみをつまむのが習慣となっていた。

少年は六年生の晩秋のこと、中学に進学するための入学試験の勉強を続けていた。

この二、三日、母の容態が思わしくなかった。

そんな折り、少年は小学校最後の遠足に一晩泊まりで日光に出かけることになっていた。

そこへ姉がやってきて、「あさっての遠足ね、このぶんだとやめてもらうかもしれないって、おっしゃっていてよ。」と、父のことばを告げた。

昨夜から母の具合が悪化していたのである。母にもしものことがあったらとの父の配慮からであった。

しかし、少年には母の容態が悪いことと、母が死ぬかもしれないということが心の中では一つにならなかった。

すっかり機嫌をそこねた少年は、人気のない父の書斎に入り込んで、卓の上にあったくるみを一つ取って、ナットクラッカーにはさんで片手でハンドルを押した。

しかし、ハンドルはくるみの固い殻の上をぐりぐりとこするだけで、きゃしゃな少年の力ではびくともしなかった。

思い通りにくるみを割ることができなかった少年は、かんしゃくを起こして、ナットクラッカーを卓の上に放り出した。クラッカーは皿に激しく当たって皿を割った。

少年は二階に駆け上がって、勉強机にもたれて一人で泣いた。その晩は母の病室へも見舞いに行かずじまいだった。

しかし、幸いなことに母の病気は翌日から小康を得て、少年は日光への遠足に出かけることができた。

年が改まって少年は、二つの中学を受験し、第一志望の試験に合格した。

しかし、試験が終わってまもなく母は不帰の客となった。

母の死後、半年ほどすると、姉に縁談の話が起こった。

折しも、父にも再婚の話が起こってくる。母の遠縁に当たる、「桂さん」という母より三つ四つ若い美しい人であった。

少年もその物静かな、にこやかな桂さんに対して悪い感情を抱いていたわけではなかった。望ましい選択だと感じてもいた。

しかし、少年は桂さんが新しい母親になることを素直には受け入れられないでいる。

悶々と過ごしていたある日、父が少年に優しく言った。

「一年なんて、たってしまえば早いもんだ。――お父さんも、もう旅行をしないで済むように会社に頼んできた。これで、お姉さんが嫁に行くと、また当分、ちょっと寂しいな。」

その時、少年の目に桂さんの面影が浮かんできた。あわてた少年は、くるみをつまむとクラッカーにはさんで片手で握りしめると、快い音と共にくるみがきれいに割れた。

思いがけない、胸のすくような感触だった。その時、少年の胸のわだかまりが消え去っていた。「お父さん、ぼく、桂さんにうちへ来てもらいたいんだけど……。」

これが「くるみ割り」という話の粗筋です。

この話でナットクラッカーは、少年の心の扉を開く役割を果たしています。

この話は少年の心の成長物語なのです。

さて、この物語は、全体が七つの場面から構成されています。

ここで注意したいのは、この七つの場面が大きく三つの場面で組み立てられていることです。

次の様な現実―回想―現実という形のいわゆる額縁構成を取っているのです。

一 現実

①野球の観戦……**首尾照応・額縁効果**

②絵描きの家（「くるみ割り」の提示）……**誘導・暗示**

二　回想

③「ぼく」（＝絵描き）の生い立ち……**伏線**※

④母の病気と遠足（父の書斎でくるみが割れずに皿を割る。）……**伏線**

⑤「ぼく」の受験と母の死、そして姉の縁談（父の孤独な姿と桂さんの話、そして「ぼく」の寂しさ）……**伏線**

⑥母の一周忌前夜（くるみが快い音を立てて割れ、同時に「ぼく」は新しい母を迎える決意を父に告げる。）……**クライマックス**

三　現実

⑦くるみ割りの音に寄せる思い……**額縁効果**

※伏線＝主筋（「粗筋」と見なしてよい）の下に伏せられていて、文章中のところどころにしか顔を出さない筋のこと。読者の興味・関心を刺激しながら、主筋の展開に読者を無意識のうちに引き込んでいく役割を果たす。伏線が張られている箇所を通過する際に、読者の心を一種のサスペンス状態（＝宙づり、どっちつかず）に陥れる。つまり、読者を不安・緊張の状態に陥れる表現上の手法である。

伏線も筋の一種なので、この用語についても後で学習していくことにします。

この「くるみ割り」という物語の全体の構成を図式化してみますと、①～⑦の場面のうち、⑥の場

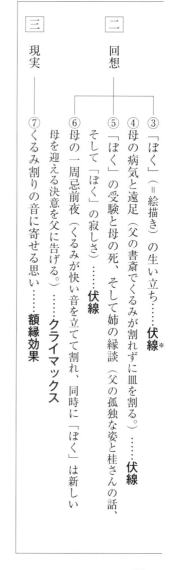

面が物語のクライマックスを際立たせる役割を担っていることが分かります。
③の場面は、回想部分の冒頭に当たります。この場面では、姉に遅れて五年目に思いがけず生まれた「ぼく」の両親の喜びに満たされた生い立ちが語られています。
④の場面では、母の容態が悪化して、「ぼく」が楽しみにしていた遠足に行けなくなるかもしれないという事態によって機嫌をそこねていたため、くるみが割れず腹いせに投げ出したナットクラッカーが皿を割ってしまいます。このくるみの固い殻は「ぼく」の心の状態を象徴しています。
⑤の場面では、「ぼく」の中学受験に向けた生活が描かれ、第一志望の中学に合格した後に訪れた母の死が語られています。その後まもなく姉の縁談と父の再婚話が起こっています。しかし、「ぼく」は姉の縁談も父の再婚の話も素直には受け入れられないでいます。
⑥の場面では、この「ぼく」のくるみのような固い心が、母の一周忌前夜の父の優しいことばをきっかけにほぐれていきます。その時、クラッカーにはさんだくるみが快い音を立てて割れ、同時に「ぼく」の胸のわだかまりも解けて新しい母を迎える決意を父に告げることになります。
③④⑤の場面は、全て⑥の場面の「カチンと、快い音がして、くるみはきれいに割れた」という部分の伏線として密接につながっていることが分かります。
つまり、③〜⑤の場面は、⑥のクライマックスの場面を盛り上げるための伏線となっているのです。

以上みてきたところからも、二の回想部分がこの物語の中心になっていることはいうまでもないでしょう。

この物語の中心である[二]の回想部分を額縁に入れられている《絵》と見なせば、この《絵》の素晴らしさを際立たせる役割を果たしているのが、[一]と[三]の現実の場面ということになるのです。

要するに、この現実の場面が額縁として《絵》の部分に当たる回想シーンを浮き立たせて印象深い物語とする効果を果たしていることになります。

【課題】「くるみ割り――ある少年に――」を読んで、〈額縁構成〉の表現上の効果について話し合ってみましょう。

三　筋（プロット）（小学四年）

ここでは文学的な文章の中に含まれている筋（プロット）というものの役割について理解を深めていきましょう。

小説や物語などの文学的な文章において用いられている筋（プロット）という用語とほぼ同じ意味で用いられているものに、ストーリーという用語があります。

この二つの用語には、少し意味の違いがあります。

次のような違いです。

ストーリー　＝時間的な順序で語られている出来事のつながり
プロット　＝原因と結果の関係で語られている出来事のつながり

この違いを区別して説明したのは、イギリスの小説家であったフォースターという人です。

フォースターは、この区別を「王様が亡くなられて、それからまもなくして王妃が亡くなられた。」といえばストーリーであり、「王様が亡くなられて、その悲しみのあまりに王妃が亡くなられた。」といえばプロットというと、説明しています。

これらの具体例からも分かりますように、筋（プロット）やストーリーという用語は、構成という用語が形式面を指しているのに対して、内容面と結びついていることが分かります。

今回は、この筋（プロット）という用語の果たしている役割について、具体例を取り上げて考えていくことにします。

筋（プロット）には次のような種類があります。

これらを知っておくと、小説・物語を読む場合に便利なので、次に掲げておきましょう。

- 主　筋（表の筋）
- 伏　線（裏の筋）
- 対比の筋―人物の性格や物事を対比的に述べていく

――反復の筋―同一の人物の言動をことばをかえて繰り返し述べたり、人物の呼び方を変えて繰り返し述べていく

主筋（表の筋）は、文字どおり〈できごと〉が展開していく流れのことです。ただ、それは〈いつ〉、〈どこで〉、〈だれが〉、〈何を〉、〈どうした〉といったことがからみ合い、関係し合っていく流れです。当然、人物と人物の言動のからみ合い、人物と人物の性格や心の動きのからみ合いなどが含まれてきます。

いずれにしても、主筋は表の筋ともいわれるように、話の流れを追いかけていけば、比較的簡単に読み取れるものです。

たとえば、「白いぼうし」という教材では、タクシーの運転手の「松井さん」の取った行動やセリフを中心とした流れが述べられています。

同時に、「松井さん」と「もんしろちょう」、「おかっぱの小さなかわいい女の子」との関係などが含まれてきます。

伏線についてはは後からみていくことにして、次には対比の筋と反復の筋についてみておきましょう。

四　対比の筋・反復の筋（小学三～五年・中学一年）

対比の筋は、主筋の中に含めて考えることもできます。しかし、小説や物語の中には、明らかに人物と人物の関係、物事と物事との関係を対比的に描き出している作品が存在します。

そこで、これを主筋とは区別して取り立てて理解していくことにします。

文学作品における対比の筋は、その用いられ方をみていきますと、次のような三つの役割を果たしていることが分かります。

① 二人の人物の性格や二つの物事の特徴のいずれか一方を目立たせて強調する。
② 両者のいずれかを目立たせて読者により強い印象を与える。
③ ともすると見落としがちな面を読者にはっきりと印象づける。

反復の筋も主筋の一部に含めて考えることができます。しかし、この筋も小さい子ども向けの文学作品の中にはしばしば用いられていることがあります。

そこで、ここでは、反復の筋として取り立てて理解していくことにします。

反復して述べられているもので特に重要なものは、人物の行動やセリフ、人物の呼び方です。

そこで、注意しておきたいことは、その反復されている事柄が単純に繰り返されているのではなく、少しずつ変化をしながら繰り返されているという事実です。

変化を伴って反復されていかないと、それは筋の展開を単調にし、読者に対して効果的には働きかけてくれません。

繰り返し述べられている事柄は、いうまでもなくその作品の展開の上から大切なものである場合が多いのです。

反復はその大切さを読者に気づかせるための方法なのです。

こうした反復は、幼児向けの絵本にたくさん出てきます。そして、これらの絵本は小学校の低学年向けのお話として使用されることもあります。

文芸教育を研究している西郷竹彦という人は、絵本などの幼児文芸の作品に繰り返しが多い点に着目して、次のような種類と型を紹介しています。

① 同じことの繰り返し――『ちびくろ・さんぼ』の中のトラとの出会い。

② ふくれあがる繰り返し――くり返されるたびに何かがだんだんと付け加わっていく。あるいは大きくなっていく。強められていく。『わらしべ長者』（一本のわらしべ→ミカン三つ→反物三反→馬→家屋敷・田畑）、『さるかに』（「はやく芽を出せ、柿の種子、出さぬとはさみでほじ

くるぞ」「はやく木になれ、柿の種子、ならぬとはさみでちょんぎるぞ」「はやく実になれ柿の種子、ならぬとはさみでぶっきるぞ」……「芽↓木↓実」「ほじくるぞ↓ちょんぎるぞ↓ぶっきるぞ」というふくらみ）

③　しぼんでいく繰り返し――②の逆の型である。『おおきなかぶ』（登場人物の大きさ、爺↓婆↓孫娘↓イヌ↓ネコ↓ネズミ）※かぶをひく人数は逆にふくれあがる。

④　山のある繰り返し――筋の前半においてふくれあがる繰り返しがあり、後半はしぼんでいく繰り返しになっている場合。トルストイの『三びきのくま』

⑤　谷のある繰り返し――④の型を逆にした場合。

⑥　多部多段の繰り返し――『三びきのくま』のように三回の繰り返しが前半と後半と二部に分かれているという二部三段の構造をもっと複雑にしたもの。

反復の筋にはもう一つ大切なものがあります。人物の呼び名の変化・反復の筋です。「走れメロス」（中一）では、メロスの呼び方が語り手やメロス自身、あるいは、国王の側からと、めまぐるしく変化していきます。

村の牧人↓のんきなメロス↓単純な男↓「下賤《げせん》のもの」（王のことば）↓うそつき（王による呼び方）↓良き友（メロス自身による呼び方）↓兄↓メロスほどの男↓おまえの兄↓偉い男↓若いメロス↓

獅子奮迅《ししふんじん》の人の子→真の勇者→希代の不信の人間→不信の徒→不幸な男→ほんとうに良い友→裏切り者→不名誉の人種→悪徳者→醜い裏切り者→真の勇者→正義の士→正直な男→勇者

これらのおびただしい呼び方の変化に、主人公メロスの内面の葛藤が生き生きと表現されています。こうした呼び方の変化・反復の筋を辿っていくだけでも、主人公メロス自身の内面の葛藤のドラマが浮き彫りになってきます。

【課題1】「おおきなかぶ」を読んで、〈反復の筋〉の役割について話し合ってみましょう。

【課題2】「走れメロス」を読んで、〈人物の呼び方の変化・反復の筋〉を手がかりに主人公の内面の葛藤について話し合ってみましょう。

五　伏線（ほのめかし）（小学四年）

さて、次に伏線（ほのめかし）についてみていきましょう。

伏線の「線」は筋という意味です。ですから、伏線とは、〈伏せられた筋（＝隠された筋）〉という意味となります。

主筋が一回読めば一通りは理解できる表の筋であるのに対して、伏線は、文章中のところどころにしか顔を出していないことが多いので、一度読んだだけでは気づかないことが多いのです。ですから、伏線のことを隠された裏の筋とも呼ぶのです。

伏線の役割は、読者の興味・関心を刺激しながら、主筋の展開に読者を知らず知らずのうちに引き込んでいくところにあります。

読者が作品を読み進めていく時に、一見主筋の展開からはずれているような不自然に思われる部分を通過することがあります。「おや？」「何かおかしいな？」と思いながら先を読み進めていきます。やがて、作品中の事件や人物の行動が急転回を見せる場面などで、その不自然さ、謎が解けていきます。このような部分を主筋に対して伏線というのです。

伏線が張られている部分を通過する時には、読者は無意識のうちに心にひっかかりを感じます。つまり、一種のサスペンスの状態に置かれるのです。

サスペンスの語源はズボンをつるサスペンダーにあります。そこから、サスペンスの場合には、読者の気持ちを〈宙づり〉や〈どっちつかず〉のような状態において、不安・緊張の状態に陥れることになるのです。

サスペンスという手法は、推理小説などに特有の方法と考えられていますが、普通の小説・物語の中にも、この手法は時々使用されていることがあります。

「白いぼうし」という教材があります。

タクシーの運転手をしている「松井さん」という人物が中心となってお話が作られています。

この話は、あまんきみこの『車のいろは空のいろ』という童話集の中に収められています。

「松井さん」という人物は、タクシーの運転手をしている。

少し変わったところのある人物である。

田舎のおふくろが送ってきてくれた夏みかんのにおいがあまりにもかぐわしいので、一番大きいのを運転席に載せてきている。

ある日、お客さんを降ろしてアクセルを踏もうとした時、車道のすぐそばに白いぼうしが落ちていることに気がつく。

「風がもうひとふきすれば、車がひいてしまうわい。」

と、松井さんは車から出て、そのぼうしをつまみ上げる。

その時、ぼうしの中からもんしろちょうが飛び出した。

「せっかくのえものがいなくなったら、この子は、どんなにかがっかりするだろう。」

松井さんは、ぼうしの持ち主の男の子のことを考えてすっかりしょげかえっている。

松井さんは、運転席からあの見事な夏みかんを取り出して、その夏みかんに白いぼうしをかぶせた。

松井さんが車にもどると、そこにおかっぱの小さなかわいい女の子がちょこんと座っていた。

聞けば、その女の子は道に迷ったという。行き先は、はっきりしなかったのだが「菜の花橋」まで行きたいらしい。

そこに、虫取りあみをかかえた男の子が母親の手を引いて近づいてきた。

とたんにその女の子が、

「早く、おじちゃん、早く行ってちょうだい。」

と叫んだ。

男の子がぼうしを持ち上げた時のことを想像しながら、松井さんはタクシーを走らせていた。

ふと、後ろの席をみると、そこには誰も乗っていなかった。

いつのまにか女の子がいなくなってしまったのである。

そこは小さな団地の前の野原である。

白いちょうが二十も三十も飛んでいる。

そのちょうを見ていたとき、松井さんの耳に、

「よかったね。」

「よかったよ。」

「よかったね。」

「よかったよ。」

と、シャボン玉のはじけるような、小さな小さな声が聞こえてきたのであった。

これが「白いぼうし」の主筋である。粗筋といってもよいでしょう。

この話はファンタジー作品です。ファンタジー作品の特徴は、話の途中から現実の世界が非現実の世界へと移っていくところにあります。

この話は、四つの場面からできています。

[一]の場面には、松井さんが乗せたお客のしんしとのやりとりが述べられています。そのやりとりから松井さんの人柄が描き出されています。

[二]の場面では、道ばたに落ちていた白いぼうしを拾い上げることで、中にいたもんしろちょうを逃がしてしまうところが描かれています。

ここまでは、現実の世界が描かれているといえます。松井さんは少し変わった人物ですが、非現実の世界の人物とはいえません。

ところが、[三]の場面になると、不思議なことが起こってきます。

まず、いつの間にか、「おかっぱの小さなかわいい女の子」が後ろのシートに乗っています。

こんな小さな女の子がたった一人でタクシーに乗っていること自体がおかしいのです。

道に迷ったと言っています。「四角い建物」ばかりだったと言うのです。

この女の子は、自分の行き先もはっきりしていません。

そこへ男の子が近づいて来ます。とたんにその女の子があわて出します。

この女の子は、次の[四]の場面になると、いつの間にか車の中から姿を消してしまうのです。

さて、三の場面を読み進めていくと、「何かおかしいな？」という気持ちになってきます。この女の子の正体がある人物とつながってくるのです。それは、「白いぼうし」の中から逃げ出したもんしろちょうです。

三の場面では、「おかっぱの小さなかわいい女の子」の正体が、実は松井さんが白いぼうしの中から逃がしてしまった「もんしろちょう」ではないかということが暗示されています。

この暗示のはたらきをしているのが、伏線（ほのめかし）という筋です。

この話では、結局最後まで「おかっぱの小さなかわいい女の子」が「もんしろちょう」であるということは明らかにはされていません。

しかし、四の場面の最後に、

「よかったね。」

「よかったよ。」

「よかったね。」

「よかったよ。」

というセリフが述べられています。

このセリフにも、「もんしろちょう」が逃げ出したちょうで「女の子」ともつながっているのではないかということがほのめかされているとみなすことができます。

【課題】〈伏線（ほのめかし）〉という筋立ての役割を考えながら、「白いぼうし」を読んでみましょう。

六　主筋・伏線・対比の筋・反復の筋（中学一年）

これまで、主筋、伏線、対比の筋、反復の筋についてみてきました。

ここでは、これらの筋がことごとく使用されている教材についてみていくことにしましょう。

「鼓くらべ」です。以前、中学一年の教材として取り上げられたことがあります。この作品は、あらゆる筋が見事に駆使されている珍しい物語です。

はじめに、〈主筋〉と〈伏線〉の用いられ方についてみていきましょう。

［主　筋］	［伏　線］
1 お留伊と老絵師との出会いの場面。老人は、お留伊の打つ鼓の音があまりに見事なので秘かに聴きにきていたという。	・老人は左手だけをふところ手にしている。
2 お留伊は、次第にその老人に心ひかれていく。お留伊	・どこか遠くを見るような目つき

場面	読み
は鼓くらべに備えて金沢城下の観世家に稽古に行くことになる。	でふところ手をしている左の肩をそっと揺りあげた。
③ お留伊は、病気の重くなった老人に鼓を聴かせに行く。老人は、「友割りの鼓」の話を交えながら、「芸術とは何か」を自分の若い時の体験を内に秘めてお留伊に諭す。	・老人の話によってこの老人と鼓打ちの名人・市之丞との姿が重ねられる。
④ 金沢城での鼓くらべの場面。相手のお宇多を圧倒していたお留伊は、相手の「烈しい執念の相」を見た時、脳裡に老人の姿が浮かび上がり、翻然として芸術のあり方に目がひらかれる。お留伊はくらべ打ちを放棄する。	・初めて「老人の左手」の意味と老人の正体とが明らかにされる。
⑤ 森本の家に帰ったお留伊は、早速老人のもとを訪ねる。しかし、老人は昨晩息をひきとっている。老人の前でお留伊は、自分の本当の師匠はこの老人であったと悟り、「生まれ変わった気持ち」で「男舞」の曲を打ち始める。	・この老人が一之丞であったという決め手はないが、ここでお留伊も読者もこの両者のイメージを鮮烈に結ぶ。

この作品では、お留伊が視点人物となっていて、読者は、お留伊の心に寄り添う形でこの物語を読んでいくことになります。

したがって、最初は、読者もお留伊共々、老人の正体を知りません。しかし、読者の方ではこの「ふところ手にした左手」という暗示によって、物語の途中からその老人の正体を予想できるような仕組みになっています。

こうした〈伏線〉を張ることによって、この作品は巧みにサスペンス効果をあげています。

次に、〈性格対比の筋〉についてみていきましょう。

1 お留伊と老人との対比――町一番の絹問屋の娘と身なりは貧しいが礼儀正しい老人

2 森本の師匠と金沢の観世家の大師匠

4 お留伊とお宇多の対比――自信をもって鼓を打つお留伊とどうにかして勝とうとする心をそのまま絵にしたような、烈しい執念の相で打つお宇多

この他にも、お留伊の成長する姿を、1の場面では、「澄み徹《とお》ったギヤマンの壺《つぼ》のように冷たく、勝ち気な、驕った心をそのまま描いたよう」な姿、「双の眸《ひとみ》は常よりも冴《さ》えて烈しい光をおび、しめった朱《あか》い唇《くちびる》をひき結んで懸命に打っている姿」として描いておき、最後の5の場面では、「老人の枕辺に端座して、心をしずめるように暫く眼を閉じてい」る姿として対比的に描いている点などを指摘することができます。

さらに、〈人物の呼び方の変化・反復の筋〉として、

①　お留伊の、老人に対する呼び方の変化
おまえ→あの老絵師→あの老人→あの人→あの方→お師匠さま
②　語り手の、師匠仁右衛門に対する呼び方の変化
師匠の観世仁右衛門→師匠→仁右衛門
③　お留伊自身の一人称の変化
あたし→わたくし

などをあげることができます。

①では、最初の「おまえ」と最後の「お師匠さま」では、手の平を返したような変化がみられます。この変化は、突如として生じたわけではありません。その間に、お留伊の心の中での疑念・動揺があります。それを内話（心内語）として、「あの……」という表現で表しています。「老絵師」という客観性の強い表現から「……方」という主観性の強い表現への使い分けも驚かされるほどに念入りです。また、②や③にみられる変化などは、ややもすると見逃す恐れさえあります。

このように、〈呼び方の変化〉を意識的に書き分けることで、お留伊の成長していく姿がリアルに描き出されていることが分かります。

人物像を把握する上から、重要な分析の観点となっていることが理解されるでしょう。

【課題】「鼓くらべ」を読んで、〈主筋〉〈伏線〉〈対比の筋〉〈反復の筋〉の役割について話し合ってみましょう。

七　文章題（小学三年〜六年）

今回は、文章における文章題（題名）の役割について考えていきましょう。

文章における文章題（題名）は一体どのような役割を果たしているのでしょうか。文章題の役割を検討することが大切なのは、これが文章全体の中心内容に深く関わっていることが多いからです。

ただ、文章全体の中心内容に深く関わっているとはいっても、それは中心内容が直接示されているということではありません。

文章題は、ほとんどの場合、短く掲げられています。ですから、文章の中心内容を直接表すことはできません。象徴的・暗示的に表しているということです。

たとえば、「わらぐつの中の神様」（小五）の場合ですと、「わらぐつ」と「神様」との取り合わせがいかにも変です。でも、この変な取り合わせが読者の興味を引きつける役割を果たしているのです。つまり、この文章題は、この話の〈看板〉であり、〈呼び込み〉の役割を果たしているのです。

そして、この話の中では、最後の場面で確かに「わらぐつ」の中に「神様」がいたということが中心的な内容として明らかにされています。

もちろん、この場合の「神様」は、ことば通りの神様のことではありません。象徴的な意味での「神様」です。しかも、この話の中心的な内容に深く結びついている意味で用いられていることばなのです。

ですから、この「わらぐつの中の神様」という文章題は、この話の〈看板〉〈呼び込み〉の役割を果たしていると同時に、この話の中心的な内容と深く関わっているということになります。

なお、文章題が文章の中で取り上げられている題材（＝テーマ）や材料を表していることも少なくはありません。「しっぽのやくめ」「体を守る皮ふ」「サロマ湖の変化」などです。

多くは、非文学の文章に見られますが、「どろんこ祭り」とか「春先のひょう」などと、文学的な文章にも決して少なくはありません。

さて、次に、文章題が文章全体の中心的な内容を象徴的に表している場合を具体例に沿ってみておきましょう。

「やまなし」（小六）という教材があります。

この話はとても緻密な構成意識によって組み立てられています。

この話の基本的な構成は、「一　五月」と「二　十二月」という二話構成となっています。

これを、筋（プロット）という面からみていきますと、五月が春の世界で、十二月が冬の世界、一方が生きとし生けるものの生命の活動が活発に繰り広げられる季節、もう一方が生き物の生命活動が休止の時期に入るという季節が描き出されています。

五月の世界では、弱肉強食という自然界の法則の中で、「クラムボン」が「魚」に取って食べられ、その「魚」が「かわせみ」に取って食べられるという様子が描き出されています。

この場合の「クラムボン」や「魚」の〈死〉は突然に訪れた不意の死です。

これに対して、十二月の世界では、生を終えた「やまなし」の実が元の木から谷川の中に落ちて来て、自然な形での〈死〉を迎えています。しかも、その〈死〉は、やがてひとりでに美味しいお酒となり、谷川の世界に住む子がにたちの親子に恵みと安らぎとをもたらしているようです。

そうなのです。この話は対比の筋によって、二つの異なる世界がすみずみまで対比的に描き出されているのです。

五月の世界では、谷川の世界に春の明るい光が降り注がれています。しかし、その中に一歩入っていきますと、そこでは生きるための弱肉強食の営みが繰り広げられています。それは暗くて不気味な世界です。

十二月の世界では、冬の夜の月明かりに照らされています。しかし、谷川の中には子がにの兄弟の他愛もない争いが描かれてはいますが、そこは静かな安らぎに包まれた世界です。

この話はこのように、前半と後半に分かれて二つの対照的な世界が描き出されています。

この話の文章題は「やまなし」と付けられています。

ところで、この「やまなし」の実がこの話の中で登場するのは、どこでしょうか。

前半の「五月」の場面には、この「やまなし」の実は一度も登場していません。

では、どこで登場しているのでしょうか。

なんと、「やまなし」の実が登場してくるのは、この話の後半「十二月」の場面の中程です。

そうなのです。「やまなし」の実は、この話全体の三分の二を過ぎてからやっと登場しているのです。

これはいかにも不自然です。

「五月」の場面では、「クラムボン」が何度も登場しています。続いて「魚」や「かわせみ」が登場しています。

この話全体の中で、最初から最後まで登場しているのが子がにの兄弟です。

登場人物としては、子がにの兄弟が最も重要な人物のようにもみえてきます。

それにもかかわらず、この話の文章題は「子がに」とか「子がにの兄弟」とはなっていません。「やまなし」なのです。

これは一体どういうことなのでしょうか。

実は、この「やまなし」の実に大切な意味が隠されているということなのです。

要するに、この話の中で「やまなし」の実がどのように描かれていて、それがどのような役割を果たしているのかを考えていけば、この話の文章題が「やまなし」となった理由が明らかになってくるということなのです。

「やまなし」の実は、生き物としての生を終えて自然な形で〈死〉を迎えています。「クラムボン」や「魚」たちの場合は、弱肉強食の中で突然に生を断たれて不意の〈死〉を迎えています。

どちらの〈生〉が、どちらの〈死〉が望ましいのでしょうか。

「やまなし」という文章題にその答えが象徴的に表されていると考えることができるでしょう。

【課題】〈文章題〉の果たしている役割を考えながら、「やまなし」を読んでみましょう。

八 視点

1 視点の意味

私たちが普段見ているテレビの画面は、ある方向からテレビカメラによって撮影されたものです。テレビカメラの置かれている場所が変われば、写し出されている画面も変わります。

テレビカメラは撮影している人（カメラマン）の目の高さに置かれている場合もあれば、高い場所に置かれている場合もあります。床の上に置かれて下の方から上の方を撮影する場合もあります。ヘリコプターを使って空中から撮影する場合もあります。

実は、文章の中にもこのようなテレビカメラに相当するものが据えられていて、さまざまなものごとをある方向から撮影しているのだと考えることができます。

この場合に、テレビカメラを操作している人は書き手に相当するということになります。

科学的な文章の場合には、書き手である筆者は文章の外側からテレビカメラを操作していきますから、〈視点〉は常に一方向からのものとなります。

文学的な文章の場合には、作者によって作り出された虚構の出来事が述べられています。ですから、その虚構の出来事を述べている作者はその作品の中に入っていくことはできません。

そこで、作者は自分に成り代わって作品の中に入り込み、その虚構の出来事を語り進めていく〈語り手〉という人物を登場させることになります。

しかし、この〈語り手〉という人物は、実際には文章の中に目に見える形では姿を現してきません。

つまり、この語り手という人物は、いわば透明人間のような存在なのです。

この目には見えない透明人間のような語り手という人物が、作者に成り代わって虚構の出来事を語り進めていくのです。そして、この語り手という人物が文章中でテレビカメラを操作していくことになるのです。

文学的な文章である童話や物語の場合には、この語り手の他に、いわゆる〈登場人物〉が登場してきます。この登場人物は文章の中では姿・形が目に見えるように描かれています。

そして、語り手という人物が操作しているテレビカメラが、時には登場人物の方に移動してその人物の視点でものごとを撮影していく場合があります。つまり、これは語り手がある登場人物に重なってその人物の眼からものごとが描き出されていくということになるわけです。

そこで、文章の中でも、このテレビカメラが自由に移動してものごとの撮影が行われていますから、そこには立体的な世界が描き出されてくるということになります。

以上が、文章の世界における視点の意味ということになります。

ところで、〈視点〉の問題を考えていくときに、いくつかの用語の意味を明らかにしておく必要があります。それは、文章の世界においても〈視点〉は、語り手の移動に伴ってさまざまに移り変わっていくからです。

以下にみていく用語は、次のようなものとなります。

> 書き手（作者、筆者）、語り手（話者、話主）、作中人物、読み手（読者）、一人称（限定）視点、三人称限定視点、三人称全知視点、三人称客観視点、視点人物、対象人物、視点の転換

2　書き手、語り手、作中人物、読み手

文章を書き表している〈書き手〉は、普通、〈作者〉（＝文学的な文章の場合）とか、〈筆者〉（＝論理

的な文章の場合〉と呼ばれています。

論理的な文章や随筆、紀行文などは〈書き手〉の視点でものごとが記述されていきます。

ところが、文学的な文章の場合は、作中に実際の書き手である〈作者〉に成り代わって〈語り手〉（＝話者、話主）という人物を設定することが多くなります。つまり、〈作者〉は作中にはあらわれないで、〈語り手〉が〈読者〉に向かって語りかける形をとります。

この場合、〈語り手〉は、語ろうとする世界を〈作中人物〉に寄り添ったり、離れたりしながら物語っていくことになります。

この時に、〈語り手〉と作中場面・作中人物との間で一定の角度や方向、遠近（空間的なものの他に、心理的な面からのものも含む）などが生じます。

これが〈視点〉という問題です。

したがって、文学作品における〈視点〉の問題を考える場合には、〈語り手〉と〈作中人物〉とのかかわりをみていくことは非常に重要なことになります。

〈読み手〉の読みが〈語り手〉と〈作中人物〉との間に生じる〈視点〉に大きく左右されるからです。

この問題については、後から具体的な事例に沿って詳しくみていくことにします。

次に、〈書き手〉と〈語り手〉と〈作中人物〉の三者にかかわる問題を一つだけみておくことにします。

作中に登場する〈わたし〉という人物の問題です。

・たしか、まだ二年生か三年生のころでした。わたしは、父の仕事の関係で、しばらくさびしい山おくの小学校に通ったことがありました。（「太郎こおろぎ」小三）

・これは、わたしが小さいときに、村の茂平というおじいさんから聞いたお話です。（「ごんぎつね」小四）

ここに登場する「わたし」という人物は、この作品における〈語り手〉の役割を果たしています。ですから、「わたし」を〈書き手〉と考えてはいけないのです。虚構としての物語・小説などでは、〈書き手〉は作品の世界に直接登場することはないからです。

この「わたし」という人物は、〈語り手〉であると同時に〈作中人物〉の一人でもあると考えるべきです。「わたし」という〈作中人物〉が〈語り手〉を兼ねていると考えてもよいのです。

3　視点の設定

〈視点〉というものが、〈語り手〉と作中場面・作中人物との間に生じる一定の角度や方向、あるいは遠近のことであるということについては、すでにみてきた通りです。

この中で、とりわけ重要なのは〈語り手〉と作中人物とのかかわりです。〈語り手〉が作中のどの人物に沿って出来事を展開させているかということです。

この問題が重要なのは、〈読者〉が〈語り手〉の寄り添っている作中人物に同化する形で作品に描かれている世界を体験していくからです。

ところで、この〈語り手〉が作中人物とどのようにかかわっていくかで、作中における〈視点〉はさまざまに変わっていきます。要するに、文章中におけるテレビカメラの位置がさまざまな方向に移動していくということです。

(1) 一人称（限定）視点（小学四年）

一人称（限定）視点では、語り手（話者）が「わたし」という人物で作中場面に登場し、「わたし」という人物の目を通してものごとが眺められていきます。

ですから、「わたし」という人物の心の中（気持ち、心の動き、考え）を語ることはできますが、他の人物の心の中までは語ることができません。そこで、このような視点を「内の目」（＝内側からの視点）と呼ぶ人もいます。

こうした視点を次のような図で表している人もいます。

図の枠の中は作中場面を表し、〈目玉〉の絵は語り手で、作中場面にいますから語り手自身の心の中が描き出されることが多いのです。

他の人物（○印）の心の中までは語ることができませんので、視点は人物の中には入ることができません。

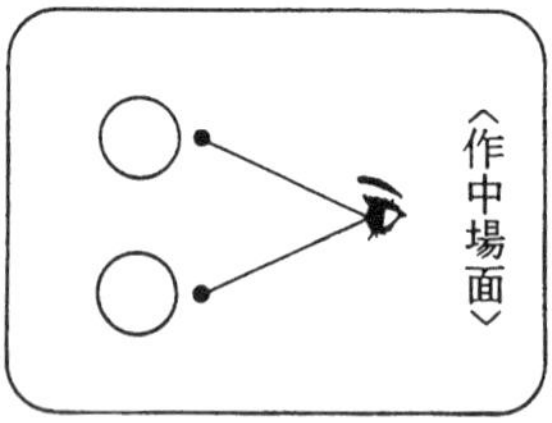

一人称（限定）視点の代表的なものは、いわゆる「私小説」の中に端的にあらわれています。小・中学校の国語教科書に取り上げられている文学教材の中では、全編がこの視点で固定されている形のものは多くありません。「太郎こおろぎ」（小三）や「最後の授業」（小六）などがその数少ない事例となります。

「最後の授業」の場合では、語り手の「ぼく」という人物が自分の体験を語っていくという形となっています。

ですから、「ぼく」という人物の「内の目」で出来事がとらえられ、その心の中が描き出されています。そこで、読んでいく際には、この「ぼく」という人物の心情や心の動きを中心にみていくことになります。

また、「太郎こおろぎ」の場合は、確かに語り手の「わたし」は、作中に登場してきていますが、「わたし」自身のことを語るよりも、「太郎」という人物のことを中心に語っています。

ですから、「わたし」という人物の心の中よりも、むしろ「太郎」という人物に焦点をあてて読んでいくことになるでしょう。一人称（限定）視点の場合に、特に注意してみていきたい点です。

「太郎こおろぎ」の場合には、語り手は「太郎」の心の中を描き出すことはできませんので、この場合は「太郎」の心情を読み取るのではなく、人物像の読み取りが中心となります。

【課題】「太郎こおろぎ」を読んで、〈一人称（限定）視点〉となっている箇所を取り上げて、その役割について話し合ってみましょう。

(2) 三人称限定視点（小学五年）

三人称限定視点では、語り手が作品の外側にいて、作中人物や作中場面をいわば観察者として眺め描きながら、同時に、ある特定の作中人物の目を通して眺めたように叙述しています。

ですから、その人物に関しては、外側からも描き出すことが可能となります。

こうした視点のことを「内の目」（内側からの視点）と「外の目」（外側からの視点）とが重なったものとみなす人もいます。

また、こうした視点を上の図のように表している人もいます。目玉が二つあるのは、作品の外側にいる語り手が作品の外側から眺めると同時に、ある特定の作中人物の目を通して眺めている状態を表したものです。

この場合、他の人物の内面までは語れませんから、視線は他の人物（○印）の手前で止まっています。

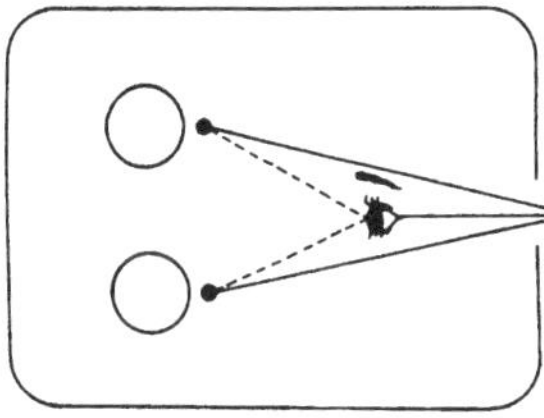

〈観察場面〉
（目玉）

この視点の場合のように、語り手の「外の目」が作中のある特定の人物の「内の目」に重なる時、この人物の外面はもちろん、内面までも描き出すことができますが、他の人物たちについては、外面だけでその内面を直接に描き出すことはできません。

目玉が二つあるのは、作品の外側にいる語り手が作品の外側から眺めると同時に、ある特定の作中人物の目を通して眺めている状態を表したものです。

この場合、他の人物の内面までは語れませんから、視線は他の人物（○印）の手前で止まっています。

この視点の場合のように、語り手の「外の目」が作中のある特定の人物の「内の目」に重なる時、この人物の外面はもちろん、内面までも描き出すことができますが、他の人物たちについては、外面だけでその内面を直接に描き出すことはできません。

そこで、ここに二種類の人物を設定することが可能となります。

この二種類の人物とは、「視点人物」（見る側の人物）と「対象人物」（見られる側の人物）です。「視点人物」は、視点を設定された人物です。それで、語り手は視点人物となります。

ですから、「一人称（限定）視点」では、「わたし」が視点人物で、「三人称限定視点」の場合は、語り手の視線が入り込んだ人物も視点人物とみることができます。他の人物は全て対象人物です。

ところで、この三人称限定視点の場合も、この視点で作品全編が貫かれているという教材は決して多くありません。齋藤隆介の「モチモチの木」（小三）などはその数少ない事例といえるでしょう。

しかし、ある作中場面においてこの視点をとっている場合は決して少なくありません。ある特定の場面で、特定の一人物に限定された形でものごとや他の人物が眺められている場合は、限定視点といえるからです。

「手ぶくろを買いに」（小三）などは、場面ごとに語り手の「外の目」が母ぎつねや子ぎつね、ぼうし屋の「内の目」に重なって物語や他の人物が描き出される形をとっていますから、基本的には三人称限定視点で叙述されているとみておいてよいでしょう。

こうした視点の設定をとらえることの意義は、「視点人物」（見る側の人物＝語り手及び語り手の「外の目」が重なっている人物）を明確にとらえられる点にあるといえます。

また、「視点人物」を中心に場面ごとに描き出されている中心的な内容を読み取っていくことも可能になるといえます。

【課題】「モチモチの木」を読んで、〈三人称限定視点〉となっている箇所を取り上げて、その役割について話し合ってみましょう。

(3) 三人称全知視点（小学五年）

三人称全知視点では、語り手が作品の外側にいて、作中場面や全ての作中人物を等しく眺め、描き出していきながら、臨機応変に作中のどの人物の心の中にも入り込んで、その人物の目を通してものごとを眺めたように叙述していきます。したがって、同じ作中場面に登場する全ての人物の外側も内側も自在に描き出すことが可能となります。

こうした視点の場合、「内の目」と「外の目」とがある時は重なり、ある時は区別され、多くの場合はあいまいになると考えられます。

【目玉】

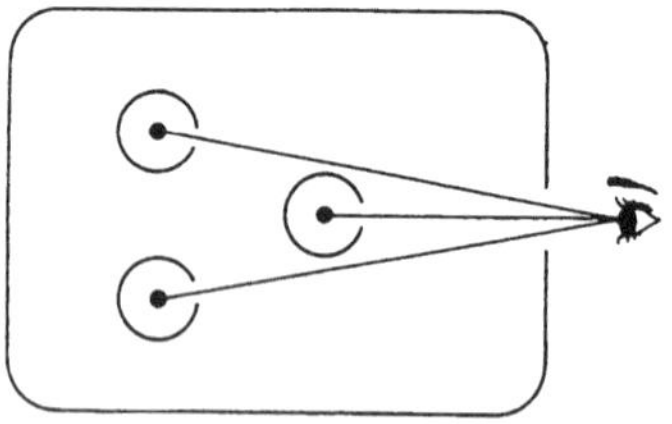

こうした視点を図で表すと、上のようになります。

語り手は、いわば神のように全ての作中人物の運命や心の内側の変化まで知っていることになります。ですから、目玉が観察場面から同一の作中場面の全ての人物（○印）の中に入り込んでいます。

児童文学作品などにこうした視点が多く設定されているので、教科書教材にも多くみることができます。

「ろくべえまってろよ」（小二）という教材は、全編この視点で貫かれているといえます。この視点の場合、全ての人物が「視点人物」となっていきます。その結果、どの人物の外面も内面も自在に描き出されていきますから、一人一人の人物の言動とその心情を注意深く読み取っていくことで、作品全体の中心的な内容をとらえていくことを可能にします。

【課題】「ろくべえまってろよ」を読んで、〈三人称全知視点〉の役割について話し合ってみましょう。

(4) 三人称客観視点（小学五年）

三人称客観視点では、語り手が作品の外側にいて、作中場面には登場しないで、作中場面や作中人物を外側から客観的に眺めながら描き出していきます。

【目玉】

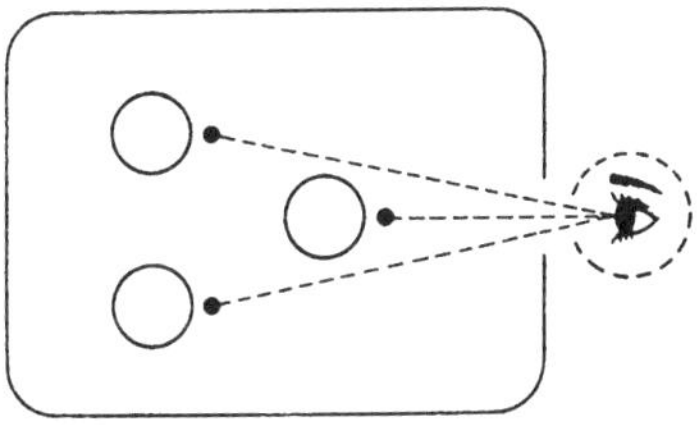

ですから、作中人物の心の中は描かれません。作中で展開される出来事が全て語り手の「外の目」でとらえられていくことになります。

こうした視点を図で表すと上のようになります。

この場合、語り手はいることはいるのですが、どこにいるのか、何を考えているのか分からないので、目玉も上のように設定されることになります。

こうした視点が作品の全編を貫いて設定されている教材として「一つの花」（小四）をあげることができます。

この作品では、終始語り手の「外の目」で作中人物の言動が淡々と語られているだけです。ゆみ子と父との最後の別れの場面さえもどこまでも客観的に静かに語っているだけです。「対象人物」である作中人物の心の中は、会話文を通して読者が想像していくだけとなります。

【課題】「一つの花」を読んで、〈三人称客観視点〉の役割について話し合ってみましょう。

4 視点の転換

〈視点〉に関しては、その設定の仕方によってさまざまな問題が生じてきます。ここでは、これらの問題の中で「視点の転換」ということについてみておきましょう。

これまで、〈語り手〉が他の作中人物とどのようにかかわっているかをみてきました。これによって、〈語り手〉の作中人物へのかかわり方が、作品の種類、作中場面によってさまざまになってくることが明らかとなりました。特に、ひとつの作品が単一の人称視点だけで展開されていくとは限らないという事実は、視点の問題を考えていく上でとても重要なことになります。

こうした視点の問題を克服していく上で、先にみてきた「内の目」「外の目」「視点人物」「対象人物」という考え方が重要になります。

さて、一つの作品の中で物語が展開していく時に、途中である人物の視点が他の人物の視点に切り替わったり、元に戻ったりすることを「視点の転換」といいます。

この現象は、語り手の「外の目」が作中のある人物の「内の目」が他の人物の「内の目」へ移動することです。「視点人物」が変わるということもできます。また、これまで「対象人物」だった人物が新たに「視点人物」に据えられたともいえます。

このような視点の移動、すなわち「視点の転換」は、語り手の「外の目」が作中人物の「内の目」に入り込まなければ起こらない現象です。したがって、それは「三人称限定視点」や「三人称全知視点」という視点の設定において起こっていくものです。

「視点の転換」によって、それまでは外面だけしか知ることのできなかった人物の内面をも知ることが可能となり、読者にとっては、物語の展開が変化に富んだ奥行の深いものと感じられるようになります。

具体的な例でみてみましょう。

その明くる日も、ごんは、くりを持って、兵十の家へ出かけました。兵十は物置で、なわをなっていました。それで、ごんは、家のうら口から、こっそり中へ入りました。

そのとき兵十は、ふと顔を上げました。と、きつねが家の中へ入ったではありませんか。こないだ、うなぎをぬすみやがったあのごんぎつねめが、またいたずらをしに来たな。

（「ごんぎつね」小四）

「そのとき兵十は」という箇所から視点が兵十に転換しているのです。それまでは、語り手の「外の目」がごんの「内の目」に重なって、作品の外側からと、作中のごんの目との両方から出来事が眺められてきていたのが、この箇所からは、語り手の「外の目」が兵十の「内の目」になるのです。

このような「視点の転換」によって、読者はごんの視点と兵十の視点の両方からこの悲しい出来事の進行を見守っていくことになります。「視点の転換」という表現の上での仕組みが、この「ごんぎつね」という文章全体の中心的な内容と深くかかわっているということができます。

「視点の転換」という仕組みは、対立的に設定された作中人物の双方の内面をくまなく描き出し、物語の展開を変化に富んだ奥行の深いものに仕立てているのです。同時にこうした表現上での仕組みは、作品全体の中心的な内容と深くかかわっているのです。

【課題】〈視点の転換〉が行われている教材を取り上げて、その役割について話し合ってみましょう。

Ⅷ 書き手の〈発想〉を理解させる教材

「文は人なり」ということばがあります。

このことば通りに私たちは、文章を読んでいると、そこに知らず知らずのうちにその文章を書いた人のことを思い浮かべていることがあります。

その文章の題名や題材から書き手の人柄や性格、ものの見方や考え方が感じ取れるからです。

書き手のことを感じ取らせるのは、題名や題材からばかりではありません。その文章を形作っている表現技法や文章の組み立て方のすみずみからも書き手その人のことを感じさせられることがあります。

もちろん、文章というものはひとたび制作されますと、書き手その人から離れて独り立ちしていきます。文章を制作した実際の書き手は文章の中には存在できません。実際の書き手が存在したのは、その文章を書いていた時までです。

けれども、文章の中には、読み手がその文章を読んでいて感じている書き手、つまり、文章の中から取り出すことのできる書き手というものが存在するのです。

この文章の中から想定される書き手に迫っていくための大きな観点を〈発想〉と名づけておくことにします。

〈発想〉とは、書き手の中に芽生えた文章制作へのきっかけや意図のことです。さまざまなものごとの中から題材を見つけ出す過程やその題材を効果的に書き表していくための材料の取り上げ方、また、読み手に働きかけるための書き方の工夫などのことです。

このような観点は、文章をその制作された結果からみていくのではなく、その文章が制作されてきた過程からみていこうとするものです。

一　文章制作へのきっかけ・意図

文章には、制作される種類によってさまざまな〈きっかけ〉や〈意図〉が含まれています。そのきっかけや意図とは、書き手の心をとらえたものは何だったのか、どうしてそのような文章を書こうとしたのか、読み手に何を訴えようとしたのか、といったことです。

こうした文章制作へのきっかけや意図を一般的なことばで整理して取り出してみます。

①　人間の生き方やものの見方・考え方を具体的に描き出してみよう。

② ある事柄について説明し理解してもらおう。
③ 実験したこと、観察したこと、見てきたことを報告して参考にしてもらおう。
④ ある事柄について自分の意見を述べて訴えてみよう。

こうした文章制作へのきっかけや意図をあらかじめ想定して文章を読んでいくことで、読み手は書き手と同じ立場でその文章に関わっていくことができます。

なお、書き手の文章制作へのきっかけや意図を知るための手がかりになるものがあります。その作者・筆者についての紹介文やその文章についての書評など、あるいは同じ作者・筆者の書いた『随筆集』や『評論集』などが手がかりとなる場合もあります。

そして、最も手近な手がかりは、いうまでもなく、その文章の題名や本文そのものです。とりわけ、題名には、書き手の文章制作へのきっかけや意図が直接的にあるいは間接的に表されている場合が多いのです。

本文の場合は、説明文教材では、書き手からの問いかけや説明・解説の仕方におのずと文章制作へのきっかけや意図があらわれていることが多いといえます。

けれども、文学教材の場合には、直接その本文に書き手があらわれることはありませんので、説明文教材の場合ほどには簡単ではありません。それでも、まったく不可能ということではありません。

では、実際の教材に即してみていくことにしましょう。

1　文学教材の場合（小学五年）

文学教材の場合、作品自体から作者の制作へのきっかけや意図を探っていくことは不可能ではありませんが、簡単なことではありません。

そこで、参考となるのは、その教材の原作本や同一作者の他の著作、教科書の『指導書』に掲載されている作者の書いた教材解説の文章です。

「わらぐつの中の神様」という教材については、この作品の作者である杉みき子がこの作品の制作意図について教科書の『指導書』の中で次のように述べています。

　現在、子どもたちの生活の中にも、マスコミなどをとおして、さまざまなかたちの「愛」の話題がはいりこんできています。いずれはそれぞれ複雑な人生に立ちむかってゆかねばならぬ子どもたちですが、この時期にはぜひとも、単純で健康で素朴な愛のかたちにふれてほしい。そんな思いもあって生まれた筋書きでした。働くことを愛し、人の身になって考え、人間のねうちは見てくれでなくて心だと思っているこの若者と娘が、私はいまでも好きなのです。

ここに「この時期にはぜひとも、単純で健康で素朴な愛のかたちにふれてほしい」と述べられていますが、これこそがこの作品の制作のきっかけ・意図であるといえましょう。

「わらぐつの中の神様」という教材を、作者のこのような制作のきっかけ・意図にしたがってみていけば、この作品の価値を物語に登場する人物「マサエ」「おばあちゃん」「おじいちゃん」「お母さん」「大工さん」「おみつさん」のものの見方・考え方に照らして読み取っていくことができるでしょう。

「一つの花」という教材では、作者の今西祐行がその制作のきっかけ・意図に関して複数の体験の組み合わせにあったと述べています。

一つ目の体験は、昭和二十六、七年頃の作者自身の家庭に実際にあった出来事、つまり、片言を覚え始めた幼い娘さんが「一つだけちょうだい」と言えば、食べ物をもらえるということを知っていたということ。作者は、そんな娘さんをいじらしく思い、「いくら貧乏しても、この世にたった一つしかないもの、それだけは与えてやらなければならない」と思ったというのです。

二つ目の体験は、作者の軍隊生活時代にさかのぼります。戦友の中には父親の兵隊がたくさんいて、二度と愛児の顔を見ることもなく散っていった人がたくさんいたということです。

三つ目の体験は、作者が戦地から復員してきた時、たまたま焼け野原の中に建てられていたみすぼらしい家の周りにコスモスやオシロイバナが咲きほこっているのを見たこと。そして、その家に住む人のことを想い、また、親しい人を残して亡くなっていった戦友のことを想わずにいられなかったといいます。「一輪のコスモスの幻想」が生まれたきっかけであったというのです。

作者自身によるこのような三つの体験とその時の想いとがない合わされたところに、この作品の制作のきっかけ・意図があったことが理解されるのです。

2 説明文教材の場合（小学五年）

説明文教材の場合は、文学教材と違って、文章の中での筆者からの問いかけや、説明・解説の中に直接、文章制作へのきっかけや意図があらわれていることが多いといえます。

「たんぽぽの　ちえ」（小二）という教材があります。

この文章で述べられている内容の中心は、タンポポの花の軸とその種子をできるだけ遠くにまき散らすための工夫です。つまり、これは、植物が自分の命を守り、仲間を残していくという自然のあり方を述べた文章です。

野原のどこでも見ることのできるタンポポにも、大変驚かされる不思議な力が備わっています。そのことを、読み手である子どもたちに分かりやすく説明して理解してもらおうということが、この文章を書いた筆者の制作のきっかけであったとみなすことができます。

このような制作へのきっかけ・意図が直接あらわれているのは、「たんぽぽの　ちえ」という〈題名〉です。「知恵」ということばは、普通には、人間や動物に特徴的なもので、しかも程度の高い動物に備わっているとみなされています。そうしたことばを野原のどこにでも見られるタンポポに使っているところに、筆者のこの文章を制作するきっかけや意図が感じ取れます。

つまり、ありふれた野草にすぎないタンポポにさえも大変不思議な力が備わっていることに対する筆者の驚きの気持ちを、読者である子どもたちにも感じ取ってほしいという筆者の願いが「知恵」という言い方をさせたものであるとみることができます。

「すがたをかえる大豆」（小三）という教材があります。

この文章を制作するに至った筆者のきっかけ・意図は、「すがたをかえる大豆」という題名に端的にあらわれています。

大豆という植物に、昔から人々がさまざまに手を加えて美味しく食べられるように工夫を凝らしてきたのです。その工夫の中には、元の大豆の姿を想像することのできないような加工の手が加えられているものもあります。そうした先人の知恵に対する筆者の驚き・発見がこの文章を書こうとしたきっかけです。

そして、こうした先人の優れた知恵を子どもたちにも気づかせるように印象づける記述の仕方が、題名に用いられている「すがたをかえる」という擬人法なのです。

「ウミガメの命をつなぐ」（小四）という教材があります。

この文章の筆者は名古屋水族館の飼育員であり、ウミガメの飼育や研究に携わっていると筆者の紹介には書かれています。

言うまでもなく、水族館では、見学者に「さまざまな生き物の姿やくらしぶりを見せるという役わり」があります。

しかし、水族館にはもう一つ一般の人々には気づいてもらえない、生き物の「命をつなぐ」ための工夫と努力をしているのだということを伝えたいというきっかけ・意図があったということが理解されると思います。

「幻の魚は生きていた」（中一）という教材があります。

この文章を制作した筆者のきっかけ・意図は、冒頭の段落にある「絶滅したはずのクニマスが生きていた」という奇跡に近い事実を知った筆者の驚きと喜びにあります。その驚きと喜びを読者に伝え共有したいというところにあったのです。

そのことは、筆者がこの事実を報道していた新聞のトップ見出しを引用しているところからもうかがえます。「幻の魚」という語句の使用にも筆者の衝撃の大きさがあらわれています。

【課題1】「わらぐつの中の神様」を読んで、登場人物の描き方から作者のこの物語を制作したきっかけや意図について話し合ってみましょう。

【課題2】「たんぽぽの　ちえ」を読んで、この説明文を書いた筆者の制作のきっかけや意図について話し合ってみましょう。

二　題材・素材の選び方、とらえ方

文章には、書き手がさまざまなものごとの中から選び取った価値ある〈題材〉、効果的な〈素材〉が取り上げられています。

文章の中の題材・素材は、しばしばその文章の〈題名〉にあらわれてきますが、それを具体的に確かめられるのはやはり〈本文〉によってです。

書き手が題材をどのようなきっかけから選び、この題材を効果的に展開していくための素材をどこからどのように取り上げているか、つまり、書き手のものごとに対する見方・考え方の中には、その書き手ならではの独自の思考の展開が含まれています。

そこで、書き手の題材・素材の選び方やとらえ方を探ることで、文章の中から読み手がその文章を読んでいて感じている〈書き手〉、つまり、文章の中から取り出すことのできる〈書き手〉に迫っていくことを目指します。

実際の教材に即して、具体的にみていきましょう。

1　文学教材の場合（小学五年）

文学教材の場合、その題材は出来事や事件、あるいは人間関係、人間の生きる姿などです。また、〈素材〉として選び取られているもので最も多いのは、登場人物としての人間です。もちろん、動物（「ごんぎつね」）や鳥（「大造じいさんとがん」）、植物（「野ばら」「やまなし」）である場合もあります。その他、さまざまな事物が〈素材〉となります。

こうした題材や素材の選び方・とらえ方に書き手の〈発想〉があらわれてくるのです。「わらぐつの中の神様」を例にみていきましょう。

この作品の場合、題材はいくつもあげることができます。

①マサエとお母さんとおばあちゃんとの三世代の人間のものの見方・考え方。
②おみつさんと大工さんの生き方。
③わらぐつの中に神様がいたという話。
④若い大工さんの話。

こうした題材は、どのように選び取られたのでしょうか。

作者の杉みき子によれば、わらぐつの中に神様がいたという話は、古いメモ帳に書き留めておいた「ざるの中の神様」という東北地方の言い伝えの中から思いついたと述べています。なんとはなしに、このことばにひかれて心の中でころがしているうちに、「ざるの中に神様がいるなら、わらぐつの中にいたっていいじゃないか」ということであったということでした。「ざる」が「わらぐつ」に変わったのは、作者の故郷である雪国でのなじみ深い生活用具だったからです。

また、若い大工さんの話は、幼い頃に読んだ小川未明の童話「殿様の茶碗」の次のような話から触発されたものであったといいます。

町一番の有名な焼物師が、殿様に茶碗を献上する。軽くて薄いことこの上なしという極上品なのだが、殿様はその茶碗で食事をするたび、手をやけどしそうな熱さに閉口する。この殿様がある時旅に出て百姓家に泊まると、そこのおじいさんが、ありあわせの厚手の茶碗に熱いおかゆを盛ってくれた。殿様はこの普通の茶碗のおかげで快く食事をすませ、いくら有名な焼物師でも、使う者の身になって使いやすく作るという〈親切心〉がなくては何の役にも立たないのだ、と感じ入る。

これらの話は、いずれも杉自身の読書体験から得たものでした。特に、後者の話が幼い頃の読書体験によるものであった点は興味深いところです。

一方、素材の方はどのように選び取られたのでしょうか。

この物語の中で、「わらぐつ」についで重要な素材である「雪げた」について、作者は次のような幼い頃のエピソードを述べています。

暗いがんぎの下の店さきに、赤い鼻緒の雪げたが、まるでそこだけ光り輝くように置かれている場面でした。むかし学校へのゆきかえりに、いつも見ていた情景です。そのころの子どもは、もうみんな長ぐつで、雪げたなどはく機会はありませんでしたが、それでもふと手を出したくなるほど、その雪げたは魅惑的に見えたのでした。

このように、作者自身の述べるところによって、題材といい素材といい、共に幼い頃の読書体験や生活体験に基づいて選び取られていることが明らかとなりました。

けれども、こうしたことは、作品そのものの中からは直接に読み取ることができません。それでも、「わらぐつ」や「雪げた」などの素材については、これらが雪国に独自のものであることは理解できるでしょう。また、雪国のこたつでおばあちゃんの昔語りという題材などからもこの物語の作者の生い立ちや生活環境を想像することができることでしょう。

このような題材や素材に基づいて作られたこの物語が、作者の生まれ故郷の風土や風景、あるいは、そこでの幼い頃の体験と深く結びついているのだということを理解することができるでしょう。

【課題】「わらぐつの中の神様」を読んで、〈題材〉や〈素材〉の選び方・とらえ方を手がかりに作者のものの見方や考え方の特徴について話し合ってみましょう。

2 説明文教材の場合（小学三年）

説明文教材の題材で圧倒的に多いのは、自然と人間との関係を扱ったものや、自然の仕組みについて説明したもの、動物の生態を説明したものなどです。

また、これらの他には、言語、文化、社会、歴史に関する題材などが選び取られています。素材についても全く同様です。

よく知られた「ありの行列」という教材を取り上げて、こうした題材・素材の選び取り方についてみていきましょう。

この文章では、「ありの行列」という題名が題材そのものを示しています。

本文の冒頭は、この題名を受ける形で題材を端的に提示し、この題材から筆者が触発された問題が設定されています。

夏になると、庭のすみなどで、ありの行列をよく見かけます。その行列は、ありのすからえさのある所まで、ずっとつづいています。ありは、ものがよく見えません。それなのに、なぜ、ありの行列ができるのでしょうか。

最初の三文が身近な生き物である「あり」のつくる行列という、ともすると見過ごしてしまいがちな現象を題材として取り上げたきっかけを述べています。

見過ごされがちな現象を題材として選び取っていること、ここに、筆者がこの文章における価値ある題材を見つけ出していたことが読み取れます。

また、この文章の素材には、もっぱら、アメリカのウィルソンという学者の研究が用いられています。具体的には、ウィルソンによるありの行列の観察・実験・仮説・検証・結論という研究の過程そのものが素材として選び取られているのです。

ですから、この文章の場合には、題材・素材に関して、必ずしも筆者自身の独創的な発見が述べられているわけではありません。

むしろ、この文章では、普段は見過ごしてしまいがちな現象に目を向けるところから思いがけない発見が得られるのだということを示したところに、この題材・素材を選び取った意図があったと考えるべきでしょう。

その意味で、この教材では、ウィルソンという学者が「ありの行列」という現象に着目し、その現象が起こる原因・理由を追求していく過程を読み取らせることで、同時に、こうした題材・素材に着目した筆者の意図にも気づかせていきたいと思います。

先にみた「すがたをかえる大豆」の場合は、この題名がそのままこの文章の題材となっています。この題材を効果的に展開していくために、是非とも取り上げるべき表現技法が接続語による〈例示の仕方〉なのです。

まず、三段落目で「いちばんわかりやすいのは」と、誰にでもすぐに気づける分かりやすいものから例示しています。続いて、「つぎに」「また」「さらに」「このように」といった具合に次第に意外な大豆食品の作り方が紹介されています。

「ウミガメの命をつなぐ」という教材の場合、先に述べたようにこの文章を制作するに至ったきっかけ・意図はこの題名に端的にあらわれています。

そして、この文章で取り上げられている「ウミガメ」という素材は、「ぜつめつのおそれがある動物」です。このウミガメの「命をつないで」いく「名古屋水族館の取り組み」がこの文章の題材（＝テーマ）ともなっていると理解されるでしょう。

「幻の魚は生きていた」という教材でも、この題名がそのまま題材（＝テーマ）となっています。筆者は、この題材を効果的に展開していくために、「幻の魚」クニマスが生きていたわけを解き明かしていく〈謎解きの手法〉を用いています。

この手法を支えている表現技法として、本文中に四箇所にわたって使用されている〈設疑法＝問いかけ法〉があります。しかも、この〈問いかけ〉に対する答えは単純に示されているわけではありません。

魚類学者としての研究的な〈推論・論証〉が丁寧に論述されています。この〈推論・論証〉の過程そのものがこの文章の題材（＝テーマ）を効果的に展開しているとみることができます。

【課題】「ありの行列」を読んで、〈題材〉や〈素材〉の選び方・とらえ方を手がかりに筆者のものの見方や考え方の特徴について話し合ってみましょう。

参考文献

第Ⅰ章

・樺島忠夫・寿岳章子著『文体の科学』一九六五年六月、綜芸社
・甲斐睦朗他共著『文学教材分析の観点と実際』一九七九年四月、明治図書
・『西郷竹彦文芸教育著作集』7巻、一九七五年九月、明治図書
・林四郎著『文章表現法講説』一九六九年十二月、学燈社
・波多野完治著『文章心理学の理論』一九六六年九月、大日本図書
・大内善一稿「『語りことば』論序説――『語りことば』の発見――」（『文学と教育』第14集、一九八七年十二月）
・大内善一稿「作文教育における『描写』の問題」（今井文男教授古稀記念論集刊行委員会編『表現学論考 第二』一九八六年四月、中部日本教育文化会）
・三尾砂著『国語法文章論』一九四八年二月、三省堂
・北原保雄著『文法的に考える』一九八四年四月、大修館書店

第Ⅱ章

・佐々木健一稿「レトリックの蘇生」（佐々木健一編『創造のレトリック』一九八六年二月、勁草書房）
・波多野完治著『国語文章論』一九三三年十二月、明治書院
・波多野完治著『文章心理学の理論』一九六六年九月、大日本図書
・中村明著『比喩表現の理論と分類』一九七七年二月、秀英出版
・相原林司著『文章表現の基礎研究』一九八四年一月、明治書院
・波多野完治著『文章心理学〈新稿〉』一九六五年九月、大日本図書
・波多野完治著『文章診断学』一九六六年六月、至文堂
・『西郷竹彦文芸教育著作集』別巻Ⅱ、一九八二年八月、明治図書
・佐藤信夫著『レトリック感覚』一九七八年九月、講談社

第Ⅲ章

・林四郎著『基本文型の研究』一九六〇年十一月、明治図書
・『西郷竹彦文芸教育著作集』4巻、別巻Ⅰ、一九八一年二月、一九八二年一月、明治図書
・小松善之助著『小学校読みの指導における日本語』一九八二年八月、教育出版

第Ⅳ章

・教科研東京国語部会・言語教育サークル著『語彙教育――その内容と方法――』一九六四年十二

月、麥書房
・井上敏夫・野地潤家編『国語科教育学研究』6〈特集＝語句・語彙指導の課題と方法〉、一九八〇年一月、明治図書
・小松善之助著『小学校読みの指導における日本語』一九八二年八月、教育出版
・井上尚美著『国語の授業方法論』一九八三年二月、一光社
・三尾砂著『国語法文章論』一九四八年二月、三省堂
・三上章著『象ハ鼻ガ長イ』一九六三年三月、くろしお出版
・三上章著『日本語の論理』一九六三年三月、くろしお出版
・北原保雄著『文法的に考える』一九八四年四月、大修館書店

第Ⅴ章

・馬渕和夫稿「日本語の表記体系」（『講座正しい日本語』第三巻、一九七六年五月、明治書院）
・大内善一稿「表現開発のための〈句読法〉指導の試み」（表現学会編『表現研究』第四四号、一九八六年九月）
・波多野完治稿「国語教育の閑却された一面」（『教育研究』臨時増刊第五百号、一九三九年七月）
・波多野完治著『文章心理学の問題』一九四一年十月、三省堂
・外山滋比古著『日本の修辞学』一九八三年六月、みすず書房

・西池和己稿「句読法の一基準」（作文教育の会編『作文教育』第二三集、一九七三年二月）
・大類雅敏著『文体としての句読点』一九七八年五月、栄光出版
・中村明稿「余情論」（中村明編『表現のスタイル』一九八四年十一月、筑摩書房
・『西郷竹彦文芸教育著作集』4巻、14巻、別巻I、明治図書
・『井上敏夫国語教育著作集』第4巻、一九八二年四月、明治図書
・井上尚美著『国語の授業方法論』一九八三年二月、一光社

第Ⅵ章

・望月善次稿「現代におけるイメージ形成・伝承に関する研究――童話教材の『語り』およびそのさし絵の分析を中心に――」（代表・望月善次『「かさこじぞう」実践史における一考察――さし絵関連指導を中心として――』昭和六二～六三年度、文部省科学研究費補助金一般研究（B）研究報告書）

第Ⅶ章

［第一節］
・川端康成著『小説の構成』一九四一年八月、三笠書房
・大場俊助著『小説論序説』一九六七年五月、芦書房
・市川孝著『新訂文章表現法』一九七八年二月、明治書院

・相原林司著『文章表現の基礎的研究』一九八四年一月、明治書院
・波多野完治著『現代レトリック』一九七三年五月、大日本図書
・樺島忠夫著『文章構成法』一九八〇年八月、講談社
・荒井栄著『文章と文体』一九六五年一月、学芸図書
・市川孝著『国語教育のための文章論概説』一九七八年九月、教育出版
・アリストテレス著・今道友信訳『詩学』（『アリストテレス全集17』一九七二年八月、岩波書店）
・E・M・フォースター著・米田一彦訳『小説とは何か』一九五四年七月、ダヴッド社
・チモフェーエフ著・東郷正延訳『文学理論(1)』一九五三年七月、青木書店
・足立悦男稿「『筋』論の意義と構造」（『西郷竹彦文芸教育著作集』別巻Ⅱ、一九八二年八月、明治図書）
・R・ウェレック／A・ウォーレン著・太田三郎訳『文学の理論』一九六七年五月、筑摩書房
〔第二節〕
・西郷竹彦著『認識・表現の力を育てる文芸の授業』一九八四年二月、部落問題研究所
・『西郷竹彦文芸教育著作集』19巻、別巻Ⅰ、明治図書
・『西郷竹彦文芸教育著作集』7巻、一九七五年九月、明治図書
・『西郷竹彦文芸教育著作集』4、5、10巻、別巻Ⅰ、明治図書
〔第三節〕
・甲斐睦朗他共著『文学教材分析の観点と実際』一九七九年四月、明治図書

［第四節］

・『現代教育科学』No.三七八、一九八八年五月号〈特集『視点』は文学の授業をどう変えたか〉
・足立悦男稿「『視点』論の意義と構造」（『西郷竹彦文芸教育著作集』別巻Ⅱ、一九八二年八月、明治図書）
・鶴田清司著『文学教育における〈解釈〉と〈分析〉』一九八八年十月、明治図書
・井関義久著『国語教育の記号論』一九八四年五月、明治図書
・甲斐睦朗他共著『文学教材分析の観点と実際』一九七九年四月、明治図書
・『西郷竹彦文芸教育著作集』17巻、一九七五年九月、明治図書
・小田迪夫稿「視点論の問題点と今後の課題」（『季刊文芸教育』第二六号、一九七九年）
・西郷竹彦著『教師のための文芸学入門』一九六八年十月、明治図書

第Ⅷ章

［第一節］

・野田弘編／香国研著『表現過程追跡による読むことの学習指導』一九七九年十一月、新光閣
・野田弘編／香国研著『表現過程による説明的文章の指導』一九八〇年十月、新光閣
・倉澤栄吉／青国研著『筆者想定法の理論と実践』一九七二年十月、共文社
・時枝誠記著『日本文法口語編』一九五〇年九月、岩波書店
・倉澤栄吉著『これからの読解読書指導』一九八一年十二月、国土社

・杉みき子稿「ざるがわらぐつに化けてから」(『国語学習指導書5年』一九八三年二月、光村図書)
・今西祐行稿「『一つの花』のこと」(『国語学習指導書4年』一九八三年二月、光村図書)
［第二節］
・杉みき子稿「体験と想像――想像力とは何か――」(『児童文学創作講座2表現とはどういうものか』一九八一年九月、東京書籍)
・杉みき子稿「小さな雪の町から」(児童言語研究会編『国語の授業』77号、一九八六年十二月)

あとがき

現行の国語科教科書における読解教材には〈読本的な性格〉がまとわりついています。この弊害を取り除くために、〈読解スキル〉教材を開発しました。読解スキル教材の開発に際しては、これまでの教科書に取り上げられてきた教材を使いました。従来の教材の読み解き方を分かり易く解説しました。この解説を手掛かりとしながら改めて元の文章を学習者が共同で読んでいくのです。読解スキルを手掛かりとしながら、元の文章をより確かにより豊かに読み解いていくのです。こうした読解活動を通して修辞的な思考の陶冶が行われることを目指しています。

この本の刊行に際して、今回も溪水社社長木村逸司氏には格別の御高配を賜りました。また、編集の西岡真奈美氏にも大変行き届いた校正をしていただきました。末筆ながら心から御礼を申し上げます。

平成三十年四月

大内善一

〈著者略歴〉

大　内　善　一（おおうち・ぜんいち）

【略歴】

昭和22（1947）年2月20日、茨城県に生まれる。教育学博士。茨城大学名誉教授。東京学芸大学教育学部国語科卒業後、国公立小学校・中学校教員等を経て東京学芸大学大学院教育学研究科修士課程国語教育専修修了。秋田大学教育学部教授・茨城大学教育学部教授を経て、平成24年3月、茨城大学を定年により退職。同年4月より茨城キリスト教大学特任教授。国語科教育学専攻。日本学術会議教科教育学研究連絡委員会委員、中学校学習指導要領（国語）作成協力者等を務める。

【所属学会】

全国大学国語教育学会（常任理事・全国理事・編集委員長）、日本国語教育学会（全国理事）、日本教育技術学会（理事）、表現学会（編集委員）、茨城国語教育学会（会長）、日本言語技術教育学会（会長）等を務める。

【単著】

『戦後作文教育史研究』（昭和59年、教育出版センター）、『国語科教材分析の観点と方法』（平成2年、明治図書）、『発想転換による105時間作文指導の計画化』（平成3年、明治図書）、『戦後作文・生活綴り方教育論争』（平成5年、明治図書）、『思考を鍛える作文授業づくり』（平成6年、明治図書）、『「見たこと作文」の徹底研究』（平成6年、学事出版）、『作文授業づくりの到達点と課題』（平成8年、東京書籍）、『「伝え合う力」を育てる双方向型作文学習の創造』（平成13年、明治図書）、『国語科教育学への道』（平成16年、溪水社）、『国語科授業改革への実践的提言』（平成24年、溪水社）、『昭和戦前期の綴り方教育にみる「形式」「内容」一元論―田中豊太郎の綴り方教育論を軸として―』（平成24年、溪水社）、『国語教師・青木幹勇の形成過程』（平成27年、溪水社）。

【単編著・共編著・共著】

『「白いぼうし」の教材研究と全授業記録』（『実践国語研究』別冊119号、平成4年、明治図書）、『国語教育基本論文集成』（第8巻・第9巻、平成6年、明治図書）、『戦後国語教育実践記録集成〔東北編〕』全16巻（平成7年、明治図書）、『書き足し・書き替え作文の授業づくり』（『実践国語研究』別冊156号、平成8年、明治図書）、『新しい作文授業づくり・コピー作文がおもしろい』（平成9年、学事出版）、『コピー作文の授業づくり―新題材38の開発』（『実践国語研究』別冊180号、平成10年、明治図書）、『国語科メディア教育への挑戦』第3巻（平成15年、明治図書）、『子どもが語り合い、聴き合う国語の授業』（平成18年、明治図書）、『子どもの「学び方」を鍛える』（平成21年、明治図書）、『論理的思考を鍛える国語科授業方略』〔小学校編〕〔中学校編〕（平成24年、溪水社）、『文章の内容・形式を一体的に読み取る国語科授業の創造』〔小学校編〕〔中学校編〕（平成25年12月、溪水社）、『実践的指導力を育む大学の教職課程』（平成27年3月、溪水社）他。

修辞的思考を陶冶する教材開発

平成30年5月1日　発行

著　者　大内　善一

発行所　株式会社　溪水社
広島市中区小町1-4（〒730-0041）
電話082-246-7909　FAX082-246-7876
e-mail: info@keisui.co.jp
URL: www.keisui.co.jp

ISBN978-4-86327-438-9 C3081